*„Landschaft ist Auftrag, Hinweis auf ein gemeinsames,
auf ein Stück Dasein, das mit innerer Stimme zu uns spricht,
auf uns zukommt ...“*

Hanns Cibulka: „Sanddornzeit“, 1971
geschrieben auf der Insel Hiddensee

Die besten Rezepte von *Rügen*

gesammelt, ausprobiert und empfohlen
von Torsten Kleinschmidt

Titelfoto oben: Seebrücke Sellin | Titelfoto unten: Roter Heringssalat (Rezept Seite 95)
Foto Seite 2: Kreideküste, Nationalpark Jasmund

Impressum

Gerichtsweg 28, 04103 Leipzig
Tel.: 0341 / 493574-0 | Fax: 0341 / 493574-40
www.buchverlag-leipzig.de

Titelfotos: Colourbox.de
Fotos: Seite 2, 5 (2. von links, Mitte, rechts und 2. von rechts), 12, 15, 17, 22, 24, 26, 31, 35, 38 unten, 48, 50, 57, 61 unten, 68, 70 links, 75, 79 rechts, 86, 94: Colourbox.de; Seite 5 (links, 3. von links), 7, 9 links, 28, 38 oben, 45, 58, 62 oben, 67, 73 oben, 76, 84 unten: Dr. Lutz Gebhardt; Seite 5 (3. von rechts), 10 links, 20, 23, 27 unten, 36 rechts, 49, 55 rechts, 62 unten, 63, 69, 70 rechts, 73 unten, 74, 77, 84 oben: Pixabay.com; Seite 8 (Karte) sowie alle Illustrationen: Uta Wolf; Seite 9 rechts: Matthias Liebelt (CC BY-SA 4.0 international); Seite 10 rechts, 11, 14, 16, 19, 27, 32, 33, 40, 44, 50 oben, 55 rechts, 79 links, 83, 88, 89: Torsten Kleinschmidt; Seite 36 links: Unukorno (CC BY-SA 4.0 international); Seite 39: Dinkum (CC0); Seite 43: TomiUSM (gemeinfrei); Seite 55 links: Klaus Janowitz, Unsplash.com; Seite 56: benreis (CC BY-SA 4.0 international); Seite 61 oben: Sorin Georghita, Unsplash.com; Seite 65: J.-H. Janssen (CC BY-SA 4.0 international); Seite 66: margouillat.photo, Shutterstock.com; Seite 91: Lukas Beck (CC BY-SA 4.0 international)
Einband, Satz, Layout: Uta Wolf, Quedlinburg
Druck und Binden: GRASPO CZ, a.s.
Printed in Czech Republic

1. Auflage 2024

ISBN 978-3-89798-671-8

Der Großteil der Rezepte ist für vier Personen berechnet. *Alle Rezepte und Tipps sind mit Sorgfalt ausgewählt und geprüft. Eine Haftung des Verlages und seiner Beauftragten für alle erdenklichen Schäden an Personen, Sach- und Vermögensgegenständen ist ausgeschlossen.*

Inhalt

Insel Rügen – *ein Füllhorn der Genüsse*

„O Land der dunkeln Haine,
O Glanz der blauen See,
O Eiland, das ich meine,
Wie tut's nach dir mir weh!"
Ernst Moritz Arndt:
Heimweh nach Rügen, 1842

Wie beschreibt man eine so vielfältige Insel wie Rügen? Ein alter Reiseratgeber nannte sie *Mikrokontinent*. Auf engstem Raum prallen hier landschaftliche Gegensätze aufeinander: fast senkrecht abfallende Steilufer aus Lehm und Kreide, stille Seen hinter Dünenwällen, hochstämmige Buchen- und Eichenwälder, schmale Landzungen, weiße Sandstrände und Geröllfelder aus Feuersteinen, Moorhügel, Wiesen- und Weideland. Eine Sammlung aus nahezu 30 Halbinseln und Inseln, die den Inselkern, das „Muttland", umschließen. Mit 974 km² hat Rügen eine etwas größere Fläche als Berlin. Von oben sieht die größte deutsche Insel wie ein Tintenklecks aus. Die durch Nehrungen, Bodden und Wieken stark zerklüftete und gegliederte Küste hat eine Länge von 570 km.

Im Norden liegt die Halbinsel Wittow mit dem windumtosten Kap Arkona und den markanten Leuchttürmen. Über die schmale Landbrücke der Schaabe ist Wittow mit der Halbinsel Jasmund verbunden. Hier ragen die weißen Kreidefelsen mit dem berühmten Königsstuhl aus der Ostsee. 2011 hat die UNESCO dem Buchenwald im *Nationalpark Jasmund* den Status *Weltnaturerbe* verliehen. Die Stadt Sassnitz liegt zwischen der spektakulären Kreideküste und den Seebädern

mit ihren feinsandigen Stränden. Im Osten Rügens erstrahlen die mondänen Seebäder Sellin, Binz und Göhren mit weißen Villen oder Hotels und herrlichen Seebrücken.

Das Biosphärenreservat Südost-Rügen mit der Halbinsel Mönchgut verspricht ursprüngliche Naturstrände und artenreiche Flora und Fauna. Rügen ist auch für seine Alleen, deren Blätterdächer an vielen Stellen der holperigen Alleenstraßen grüne Tunnel bilden, berühmt. Putbus, die weiße Stadt im Süden der Insel überrascht mit zahlreichen Prunkbauten im klassizistischen Stil. Die älteste und kleinste Stadt Rügens ist Garz im Südosten, wo sich auch der am besten erhaltene slawische Burgwall Deutschlands befindet. Einen großen Teil von Rügens Westen nimmt der *Nationalpark Vorpommersche Boddenlandschaft* ein. Von Schaprode erreicht man die Schwesterinsel Hiddensee. Hier liegt auch die Gemeinde Ummanz mit ihrer gleichnamigen Insel. Die flache Landschaft aus Wiesen, weiten Feldern, Sumpfgebieten und kleinen Wäldern ist umgeben von den Gewässern des Nationalparks. Jenseits der quirligen Seebäder findet man hier eine naturbelassene, stille Landschaft.

Rügen hatte eine bewegte Geschichte. Wahrscheinlich waren Rentierjäger die

KAP ARKONA
OSTSEE
WITTOW
Dranske
1 Hiddensee 2 Öhe 3 Ummanz
4 Zudar 5 Vilm 6 Mönchgut
KÖNIGSSTUHL
Glowe
JASMUND
Schaprode
Trent
Sassnitz
Ralswiek
Prora
Gingst
BÄDER-
KÜSTE
M U T T L A N D
Bergen
Binz
Sellin
Samtens
Putbus
Göhren
Altefähr
Garz
Stralsund
SÜDRÜGEN
Thiessow

links: Denkmalgeschütztes Pfarrwitwenhaus in Groß Zicker; rechts: Feuersteinfelder bei Prora

ersten Bewohner. Im 7. Jahrhundert besiedelten die slawischen Ranen die Insel. Als tüchtige Seefahrer trieben sie bereits im 9. Jahrhundert umfangreichen Handel mit den benachbarten Stämmen und waren bis ins 12. Jahrhundert gefürchtete Piraten. Vor allem dem Königreich Dänemark waren sie ein Dorn im Auge. Nach der siegreichen Schlacht von Arkona 1168 stand Rügen unter dänischer Lehnsherrschaft. Ab dem 13. Jahrhundert sind Zuwanderer aus dem Westfälischen, Niedersächsischen und Fränkischen auf Rügen nachgewiesen. 1325 trat ein Erbvertrag mit deutschen Herzögen von Pommern-Wolgast in Kraft. Zu Beginn des 15. Jahrhunderts verschwand durch den deutschen Einfluss auch die slawische Sprache, an die heute noch Ortsnamen mit Endung auf -itz, -in, -ow und -gast erinnern. Im 30-jährigen Krieg wurde Rügen mehrmals besetzt und kam von 1648 bis Anfang des 19. Jahrhunderts zu Schweden. Erst 1815 ging Rügen nach dem Beschluss des Wiener Kongresses über eine territoriale Neuordnung Europas an das Königreich Preußen.

Bis ins 19. Jahrhundert lebten die Inselbewohner hauptsächlich von Fischfang, Kartoffel- und Getreideanbau, der Rinder- und Schafzucht sowie von Handel und Lotsentätigkeit. Als Mitte des 18. Jahrhunderts die feine Gesellschaft Rügen entdeckte, gründete Wilhelm Malte I. zu Putbus 1816 Rügens erstes Seebad. Ab 1830 entwickelte sich der Fremdenverkehr zu einer der wichtigsten Erwerbsquellen. Nach Unterkünften in

links: Die berühmte Kreideküste bei Jasmund; rechts: Ebenfalls berühmt: RügenFisch-Konserven

Fischer- und Bauernstuben eröffnete 1869 das erste Hotel der Insel. Ende des 19. Jahrhunderts war Sassnitz das Seebad Nummer eins, aber auch aus Binz, Lohme, Göhren, Sellin oder Baabe entstanden moderne Badeorte mit Cafés, Restaurants, Geschäften und Hotels, Promenaden und Grünanlagen. Zwischen den Seebädern verkehrte regelmäßig eine Fähre, die Eisenbahnstrecke von Stralsund nach Bergen und Sassnitz wurde ausgebaut wie auch das Netz der Rügener Kleinbahn. 1913 baute man ein zusammenhängendes Straßennetz.

In den 1920er bis 1930er Jahren war Rügen eines der beliebtesten Reiseziele in Deutschland, wie auch in der späteren DDR. Damals entstanden entlang der Küste viele Campingplätze, Kinder- und Jugendferieneinrichtungen oder Ferienheime. Seit der Wiedervereinigung 1990 gehören Rügen, Hiddensee und Stralsund zu Mecklenburg-Vorpommern. Die Campingplätze wurden modernisiert, die Ostseebäder sind mit viel Liebe im Stil der Bäderarchitektur aufgebaut und bieten mondänes Flair.

Das Essen der Inselbewohner war über Jahrhunderte einfach, bot aber aus der Kombination der „Früchte“ von Feld, Wald und See besondere Abwechslung. Wild kam in den Guts- und Bürgerküchen auf den Tisch. Bedingt durch die Trennung vom Festland hat sich über Jahrhunderte eine

links: Nichts geht über ein leckeres Fischbrötchen; rechts: Regional und saisonal genießen

große Eigenständigkeit in der Küche erhalten. So wie sich dort auch die wechselvolle Geschichte der Insel widerspiegelt. Es gibt sowohl skandinavische Einflüsse wie auch pommersche und preußische. Manche Zutat und ungewöhnliche Zubereitung wanderte mit den Seeleuten über die Weltmeere in die Inselküche. Anderes stammt auch aus dem benachbarten Mecklenburg.

Überall auf der Insel gibt es Betriebe, Hofläden und Händler, die regionale, neue oder auch altbekannte Produkte anbieten: Fisch in der „Büchse“, Fischspezialitäten von Kutterfischern, Käse, Senf, Bier, Säfte, Bärlauch, Sanddorn, Honig, Rapsöl, Ostseelachs, Pfefferhering ... Kreuz und quer über die Insel können kulinarische Entdeckungen gemacht werden und manche Produkte sind auf der gesamten Insel bekannt und erhältlich.

Rügen bietet immer neue Sinneseindrücke, ob auf dem Teller oder beim Erkunden der Landschaft. Die Insel überrascht stets aufs Neue, zu jeder Jahreszeit, an jedem neuen Tag. Ach, könnte man doch gleich wieder losfahren.

Viel Spaß beim Rügen „entdecken und erschmecken“ wünscht Torsten Kleinschmidt

Wittow & Jasmund

Kap Arkona | Glowe | Sassnitz

Die Entstehung der Insel Rügen

Als unser Herrgott die Welt schuf und beinahe damit fertig war, stand er eines Abends, so kurz vor Sonnenuntergang, auf der Insel Bornholm und schaute von hier aus zur pommerschen Küste hinüber. Seine große Maurerkelle lag in der Molle, in der aber nur noch ein kleines bisschen Erde übrig war. Als er nun so über das Wasser hinschaute, schien ihm die Küste doch gar zu kahl zu sein. Er nahm den Rest aus der Molle und warf ihn von Bornholm zur Küste hinüber. So ungefähr eine halbe Meile davor fiel der Klacks ins Wasser. Unser Herrgott fuhr noch mit der Kelle an den Kanten entlang und machte sie nach außen schön glatt und rund. So wurde Rügen am Ende gerade so eine Insel wie all die anderen auch. Inzwischen war die Sonne beinahe ganz untergegangen. Der Herrgott wollte Feierabend machen. Schnell kratzte und schrapte er noch alle Reste zusammen und klackte sie noch an die Insel ran. So entstanden Jasmund und Wittow. Das sah zwar ein bisschen rauh und unruhig aus, aber unser Herrgott dachte: „Is Fierabend, un nu lat' man so blieven, as't is't!"

Aus: „Rügensche Sagen" nach Prof. Alfred Haas (1860–1950)

Dorschleber-Aufstrich

1 Dose Dorschleber (à 120 g)
2 hart gekochte Eier
1/2 Bd. Schnittlauch
1/2 Bd. Dill
1 Knoblauchzehe
Salz, Pfeffer
1 EL Mayonnaise

Die Dorschleber gut abtropfen lassen, dann in einer Schüssel mit einer Gabel zerdrücken. Eier klein würfeln, dazugeben. Klein geschnittenen Schnittlauch und Dill dazugeben, fein gewürfelten Knoblauch dazugeben. Mit Salz und Pfeffer würzen. Anschließend mit Mayonnaise verrühren.

Foto oben: Die lange Seebrücke in Sassnitz können derzeit nur Vögel besuchen

Fruchtiger Rotkohlsalat mit Linsen

Für den Salat:

125 g Berglinsen (alternativ Tellerlinsen)

500 g Rotkohl

1 Apfel

200 g blaue Weintrauben

2 EL Kürbiskerne

3 EL Walnüsse

Für die Marinade:

3 EL Sanddornsaft

3 EL Rapsöl

2 EL Apfelessig

1 TL mittelscharfer Senf

1 EL Honig

etwas Zimtpulver

Salz, Pfeffer

Linsen in Salzwasser **20 Minuten** kochen. Rotkohl in feine Streifen schneiden oder hobeln. Apfel waschen, Kerngehäuse entfernen und in Streifen schneiden.
Für die Marinade alle Zutaten in einer Schüssel verrühren. Rotkohl dazugeben und kräftig durchkneten.
Linsen, Apfelstreifen, gehackte Walnüsse und Kürbiskerne dazugeben.
Der Salat passt gut zu gebratenem Fisch.

Zwiebelfleisch in Aspik

Für 10 Personen

3 TL Salz

200 ml Essig (25 %)

20 schwarze Pfefferkörner

80 g Senfkörner

5 Wacholderbeeren

6 Zwiebeln

2 Knoblauchzehen

2 kg Schweinekamm

5 Lorbeerblätter

3 EL Zucker

Gelatine (Blätter oder Pulver), nach Packungsanleitung verwenden

2 Liter Wasser, Salz, Essig, Pfefferkörner, Senfkörner und Wacholderbeeren aufkochen und am besten über Nacht ziehen lassen. Den Sud durch ein Sieb in einen anderen Topf füllen, Streifen von geschnittener Zwiebel, Knoblauch und das in Würfel geschnittene Fleisch hinzugeben. Den Fond kurz aufkochen. Anschließend bei geringer Hitze ca. **20 Minuten** köcheln lassen. Wieder im Kühlschrank über Nacht ziehen lassen. Am **nächsten Tag** noch einmal aufkochen, dann die Gelatine unterziehen. Die Masse in Formen füllen, kalt stellen, bis alles geliert ist. Zur Zwiebelfleisch-Sülze schmecken Radieschen-Remoulade (Rezept Seite 16) und Bratkartoffeln oder Brot.

Für die Dosierung von Gelatine gibt es eine einfache Faustregel: 500 ml Flüssigkeit werden mit 6 Blatt Gelatine oder 1 Päckchen gemahlener Gelatine (meistens 27 g) schön schnittfest.

Scomber-Mix aus dem Fischkombinat Sassnitz

Die Bezeichnung leitet sich von der lateinischen Bezeichnung der Makrele *Scomber Scombrus* ab. Der Klassiker, der schon zu DDR-Zeiten im Fischwerk Sassnitz entwickelt wurde, ist ein Fischsalat auf Basis zarter zerkleinerter Makrelenfilets mit Gemüse. Zu DDR-Zeiten gab es diese Fischbüchsen nicht so oft zu kaufen. Man musste schon Glück haben, oft waren sie auch „Bückware". Beliebt auch in der Campingküche, da der Mix nicht nur als Brotbelag eine schöne Abwechslung bot, sondern auch als Basis für kreative Reis- und Nudelgerichte diente. Die Fischdosen wurden nicht nur innerhalb der DDR verkauft, sondern waren auch ein echter Exportschlager und wurden unter anderem auch in der Bundesrepublik und in Schweden verkauft.

Radieschen-Remoulade

200 g Mayonnaise
200 g Joghurt
etwas Zitronensaft
6 Radieschen
2 Frühlingszwiebeln
1 Apfel
Salz, Pfeffer

Mayonnaise mit Joghurt und Zitronensaft verrühren. Radieschen und Frühlingszwiebeln in feine Streifen schneiden. Apfel schälen und Kerngehäuse entfernen, dann fein würfeln. Alles mit der Mayonnaise mischen, mit Salz und Pfeffer abschmecken.

Heidepfannkuchen mit Pilzfüllung

250 g Mehl
4 Eier
Salz
300 ml Milch
1 Bund Schnittlauch
300 g Champignons
2 Zwiebeln
Rapsöl zum Braten

Mehl mit Eiern, Milch und Salz zu einem glatten Teig verrühren. **10 Minuten** ruhen lassen. Schnittlauch waschen, in Ringe schneiden und unter den Teig mengen.
Pilze putzen und in Scheiben schneiden. Zwiebel putzen und würfeln. Öl in einer Pfanne erhitzen. Pilze mit den Zwiebeln in der Pfanne kräftig anbraten. In einer zweiten Pfanne den Teig portionsweise bei mittlerer Hitze ausbacken. Pfannkuchen mit der Pilzmasse füllen und servieren.

Rüganer oder Rügener?
Da über die Zeit immer mehr Menschen die Insel für sich entdeckten und manche auch gleich dageblieben sind, hat sich bei den Insulanern eine kleine sprachliche Unterscheidung etabliert. Für den Rüganer gibt es drei Unterscheidungen. Der *Rüganer* ist der „Ureinwohner", ein waschechter Insulaner, lebt seit mindestens drei Generationen auf der Insel und ist hier auch geboren.
Der *Rügener* ist ein Zugezogener und hat die drei Generationen auf der Insel noch nicht erreicht. *Rügen-Urlauber* sind die meisten Menschen auf der Insel.

Linseneintopf mit knusprigen Lungwurstscheiben

200 g Möhren
300 g fest- oder vorwiegend festkochende Kartoffeln
250 g Tellerlinsen oder braune Linsen
200 g Kassler-Nackenstück
1 Zwiebel
Rapsöl
1 l Gemüsebrühe (siehe Seite 29) alternativ Wasser
1 Lorbeerblatt
1 TL Majoran
Salz, Pfeffer
Essig bei Bedarf
Zucker bei Bedarf
gehackte Petersilie
2 Lungwürste à 100 g

Möhren und Kartoffeln schälen und würfeln. Linsen in einem Sieb gründlich abspülen und abtropfen lassen. Zwiebel in feine Würfel schneiden. Kassler in ca. 2 cm große Würfel schneiden.
Rapsöl in einem großen Topf erhitzen, Zwiebel- und Kasslerwürfel hinzufügen und bei mittlerer Hitze leicht anbraten. Brühe oder Wasser angießen. Linsen und Lorbeerblatt hinzufügen und alles ca. **25 Minuten** kochen.
Nach der Kochzeit die Kartoffeln, Möhren, Majoran und Pfeffer hinzufügen und **15 Minuten** weiter kochen. Mit Salz und Pfeffer sowie nach Belieben mit Essig und Zucker abschmecken. Mit etwas gehackter Petersilie bestreuen.
Lungwürste in Scheiben schneiden und in Rapsöl scharf anbraten. Beim Anrichten auf die Suppe geben.

Anmerkung: *Lungwurst ist eine besondere Spezialität in Pommern. Diese geräucherte Rohwurst hat einen sehr kräftigen Eigengeschmack. Die Grundzutaten sind: Schweinefleisch, Lunge, Zwiebeln, Majoran. Für den Rest hat jeder Fleischermeister sein eigenes Familienrezept. Es lohnt sich vor Ort zu probieren, einige Fleischer bieten auch einen Versand an.*

Steckrüben-Pommes mit Sonnenblumen-Mayonnaise

Für die Mayonnaise:

100 g Sonnenblumenkerne

50 ml Rapsöl

1 TL Senf

5 TL Zitronensaft

1 Prise Salz

Pfeffer

Für die Pommes:

600 g Steckrüben (regional als Wrucke bezeichnet)

Paprika edelsüß

Salz

Rapsöl

Für die Mayonnaise die Sonnenblumenkerne über Nacht in Wasser einweichen. Die Sonnenblumenkerne mit dem Wasser in ein hohes Gefäß geben und mit einem Stabmixer pürieren. Dabei am besten etwas schräg halten. Währenddessen das Öl schrittweise hinzufügen und so lange pürieren, bis die Konsistenz fester wird. Den Stabmixer dabei von oben nach unten bewegen. Auf diese Weise wird Luft unter die Masse gehoben. Die fertige Masse ist die Basis für die Mayonnaise. Jetzt nach Belieben mit Senf, Zitronensaft, Salz, Pfeffer oder anderen Zutaten abschmecken.

Steckrüben schälen und in dicke Stifte schneiden. Auf einem mit Backpapier ausgelegten Backblech verteilen. Mit Salz und Paprikapulver bestreuen und mit Rapsöl beträufeln. Im vorgeheizten Backofen bei **175 °C / Umluft 150 °C** ca. **30 Minuten** backen. Auf die gleiche Weise können auch Möhren zubereitet werden.

Die Mayonnaise kommt ohne Ei aus und kann mit weiteren Zutaten individuell bzw. passend zum jeweiligen Gericht erweitert werden. Zum Beispiel mit gehacktem Dill, Knoblauchwürfelchen oder frischem Bärlauch.

Die Sage vom Königsstuhl

Der Königsstuhl ist zwar nicht die höchste Erhebung in der sagenumwobenen Stubnitz, doch der bekannteste Kreidefelsen. Er war in früheren Zeiten bei der Königswahl entscheidend. Der mutigste Bewohner der Insel musste von der Seeseite aus den hundertachtzehn Meter hohen Felsen ersteigen. Hatte er diese Mutprobe bestanden, durfte er sich auf den aus Steinen errichteten Stuhl setzen und wurde zum König bestimmt.

Sauer eingelegte Ostseeflunder

800 g küchenfertige Flundern
Salz, Pfeffer
Mehl, 4 Eier
Semmelbrösel, Rapsöl

Für den Essig-Sud:

3 Lorbeerblätter
2 EL Senfkörner
1 EL Pimentkörner
2 EL Zucker
3 Zwiebeln, Salz, Pfeffer
100 ml Weißwein-Essig

Die Flundern kurz abspülen und trocken tupfen. Mit Salz und Pfeffer würzen. In Mehl und verquirlten Eiern wenden, mit Semmelbrösel panieren. Anschließend im heißen Öl rundherum braten, dann in einer tiefen Schüssel übereinander schichten und abkühlen lassen.

Für den Sud 1,2 Liter Wasser mit Lorbeerblättern, Senf- und Pimentkörnern zum Kochen bringen. Salz, Zucker und Pfeffer dazugeben. Zwiebeln schälen und in feine Halbringe geschnitten in den Topf geben. Alles ca. **5 Minuten** bei mittlerer Hitze köcheln. Zum Schluss mit Essig abschmecken. Topf vom Herd nehmen und Sud abkühlen lassen. Den Sud über die Flundern gießen, so dass sie komplett bedeckt sind. Zugedeckt und kühl gestellt mindestens **2 Tage** durchziehen lassen. Kühl gelagert hält sich der Fisch ca. **1 Woche**.

Bunter Ostseelachs-„Schaschlik“

500 g Ostseelachs (alternativ Lachsfilet)
1 Zitrone
1 gelbe Paprika
1 rote Paprika
1 rote Zwiebel
Salz, Pfeffer

Das Lachsfilet kalt abspülen und trocken tupfen, anschließend in ca. 3 cm große Würfel schneiden und mit Zitronensaft beträufeln. Die Paprika entkernen und in passende Stücke schneiden. Zwiebel vierteln und die Schichten voneinander trennen. Beim Aufspießen wird mit Zwiebel und Paprika begonnen, dann immer abwechselnd Gemüse und Lachs aufspießen. Die Spieße mit Salz und Pfeffer würzen und ca. **5 Minuten** grillen oder braten, dabei mehrfach wenden.

Wittower Schmorkohl

1 kg Hackfleisch (halb und halb)
etwas Rapsöl
1,5 kg Weißkohl
1 große Zwiebel
Salz, Pfeffer

In einem großen Bräter Hackfleisch in etwas Rapsöl kräftig anbraten.
Den Weißkohl in kleine Stücke oder Streifen schneiden. Zwiebeln pellen und würfeln, beides mit anbraten. Mit Pfeffer und Salz würzen. Mit Wasser ablöschen. Ca. **30 Minuten** schmoren lassen, noch einmal abschmecken.
Das Gericht wird traditionell mit Salzkartoffeln gegessen. Passt aber auch gut einfach pur zu einer Scheibe kräftigem Landbrot.

Schälrippchen aus dem Ofen (Foto S. 12)

1 kg Schälrippchen oder Dicke Rippe
1 Möhre
1 Lorbeerblatt
4 Pimentkörner
1 Knoblauchzehe
Paprika edelsüß
Kartoffelstärke
Salz, Pfeffer
Rapsöl zum Braten

Das Fleisch schon beim Fleischer in Portionsstücke schneiden bzw. hacken lassen. Das Fleisch waschen und trocken tupfen. Das Rapsöl in einem Bräter oder einer großen Pfanne mit Deckel erhitzen. Das Fleisch mit Salz, Pfeffer und Paprika gut würzen und von allen Seiten im Bräter scharf anbraten. Mit Wasser ablöschen. Das geputzte Gemüse, die restlichen Gewürze und die Zwiebel dazugeben. Zugedeckt in die vorgeheizte Bratröhre schieben (mäßige Hitze – **180 °C**). Ca. **20 Minuten** zugedeckt schmoren lassen, dann den Deckel nur halb auflegen und das Fleisch unter mehrfachem Wenden etwa **90 Minuten** schmoren. Stetig Wasser nachfüllen, sodass der Boden des Bratgefäßes immer damit bedeckt ist und nichts von dem Gemüse anbrennt!
Das Fleisch ist gar, wenn sich die Knochen lösen lassen. Jetzt kann man es herausnehmen und anrichten. Die Sauce durch ein Sieb geben und mit etwas Stärke binden. Dazu schmecken Sanddorn-Honigmöhren.

Die älteste Kneipe auf Rügen: Schifferkrug Kuhle in Dranske, der größten Gemeinde von Wittow

Sanddorn-Honigmöhren

400 g Möhren
2 EL Rapsöl
Salz, Pfeffer
2 TL Honig
100 ml Sanddornnektar

Möhren putzen, schälen und schräg in 1/2 cm dicke Scheiben schneiden. Rapsöl in einem Topf erhitzen. Möhren darin bei mittlerer Hitze ca. **2 Minuten** dünsten. Honig dazugeben. Mit Sanddornsaft ablöschen. Ca. **6 Minuten** bissfest garen. Mit Salz und Pfeffer abschmecken. Die Möhren können warm oder kalt serviert werden.

Feuersteinfelder bei Prora

Im Waldstreifen „Schmale Heide" zwischen Mukran und Prora erstreckt sich eines der größten Feuersteinfelder Deutschlands. Auf einer Fläche von ca. 40 ha (2500 m x 300 m) lagerten sich nach mehreren Sturmfluten vor fast 4000 Jahren Feuersteine ab, die aus den Kreidefelsen Jasmunds ausgewaschen wurden. Die Wälle aus Feuerstein sind mehrere Meter dick. Versteinerte Fossilien wie Seeigel, Dickmuscheln oder auch Donnerkeile kann man hier finden. Größere Bäume haben es schwer sich anzusiedeln. Doch 1840 wurde das Gebiet als Küstenschutzmaßnahme mit Kiefern bepflanzt und 1935 unter Naturschutz gestellt. Ein Ausflug in dieses wenig belaufene Gebiet ist ein echter Geheimtipp.

Mit Sauerkraut gefüllte Schweinerouladen

4 Schweinekammscheiben à 200 g
Kümmel
Salz, Pfeffer
3 EL mittelscharfer Senf
8 Scheiben Speck
3 Zwiebeln
350 g frisches Sauerkraut
frischer Dill
2 EL Rapsöl
400 ml Fleischbrühe
etwas Kartoffelstärke

Das Fleisch waschen, trocken tupfen, wenn notwendig zwischen zwei Gefrierbeuteln flachklopfen. Mit Salz, Pfeffer und etwas Kümmel würzen. Rouladen mit Senf bestreichen, pfeffern und jeweils mit zwei Speckscheiben belegen.

Die Zwiebeln schälen und würfeln. Die Zwiebelwürfel mit dem ausgedrückten Sauerkraut und gehackten Dill vermischen. Die Masse gleichmäßig auf den Rouladen verteilen, aufrollen und feststecken oder mit Küchengarn binden. Dann in einer Pfanne oder einem Bräter dicht aneinanderlegen.

Öl in der Pfanne erhitzen. Die Rouladen gleichmäßig von allen Seiten braun anbraten. Anschließend die Fleischbrühe angießen und bei geschlossenem Deckel und mittlerer Flamme etwa **40 Minuten** schmoren lassen. Die Rouladen ab und zu mit der Fleischbrühe begießen. Nach Ende der Garzeit die Rouladen herausnehmen, das Küchengarn entfernen. Die Sauce mit Salz und Pfeffer abschmecken. Mit Stärke binden.

Rotkohl-Kartoffelpuffer

250 g Rotkohl
750 g Kartoffeln
40 g Walnusskerne
2 Eier
2 EL Mehl
Salz, Pfeffer, Muskat
Rapsöl zum Braten

Rotkohl putzen und in dünne Streifen schneiden oder hobeln. Kartoffeln schälen, waschen und grob raspeln. Nüsse grob hacken. Rotkohl, Kartoffeln, Walnüsse, Eier und Mehl vermischen und mit Salz, Pfeffer und Muskat würzen. Aus der Masse Puffer braten.
Dazu passt Kräuterquark und dünne Scheiben vom Saftschinken.

Sauerkrautpuffer

500 g Kartoffeln
200 g frisches Sauerkraut
1 fein gewürfelte Zwiebel
1 Ei
Muskatnuss
Salz, Pfeffer
Rapsöl

Die geschälten Kartoffeln reiben. Die Flüssigkeit aus dem frischen Sauerkraut über einem Sieb abtropfen lassen, anschließend etwas klein schneiden. Mit den Zwiebelwürfeln und dem Ei gut vermengen.
Mit Salz, Pfeffer und Muskatnuss abschmecken. Portionsweise im Öl kleine Puffer goldbraun braten. Auch diese Puffer schmecken zu pikantem Kräuterquark.

Sassnitzer Topfkuchen

250 g Mehl
1 Pck. Backpulver
250 g Butter
250 g Zucker
1 Pck. Vanillezucker
5 Eier
50 ml Milch
Puderzucker zum Bestreuen

Eine Gugelhupfform oder einen Topf (Ø 22–24 cm) gut fetten. Mehl mit Backpulver vermischen und beiseitestellen.
Butter, Vanillezucker und Zucker mit dem Handrührgerät oder der Küchenmaschine ca. **5 Minuten** schaumig rühren. Die Eier einzeln nach und nach dazugeben und jeweils etwa **1 Minute** rühren.
Mehlmischung und Milch abwechselnd zügig unter die Eimasse rühren. Den zähflüssigen Teig in die vorbereitete Backform füllen und im vorgeheizten Backofen bei **175 °C** (Ober-/Unterhitze) auf der untersten Schiene etwa **60 Minuten** backen (Stäbchenprobe machen).
Den Topfkuchen erst kurz in der Form ruhen lassen, dann auf ein Kuchengitter stürzen und bei Raumtemperatur abkühlen lassen. Mit Puderzucker bestreut servieren.

Muttland & Westrügen

Bergen | Ralswiek | Trent | Gingst | Schaprode

Muttland, das Herz Rügens
Ackerbau und Viehzucht prägen auch heute noch diesen Teil der Insel. In früheren Zeiten wurden die Schweine im Herbst zur Nahrungsergänzung noch in Wälder und über abgeerntete Felder getrieben. Mutterschweine heißen im Plattdeutschen „Mutten", diese Bezeichnung übertrug sich auf den ganzen Landstrich – Muttland. Sogar die Bewohner Muttlands werden von den anderen Rüganern auch „Muttlänner" genannt.

Ernst-Moritz-Arndt-Turm in Bergen, der Hauptstadt von Rügen

Salat von rohem Spargel (Foto S. 27)

500 g weißer Spargel oder je 250 g weißer und grüner Spargel
8 EL Apfelsaft
3 EL Apfelessig, 2 EL Rapsöl
2 EL mittelscharfer Senf
1 TL Honig
Salz, Pfeffer
1 Bund Rauke (Rucola)
100 g Erdbeeren

Den Spargel schälen, die holzigen Enden abschneiden, dann in 1/2 cm dicke schräge Scheibchen oder in feine Streifen schneiden.
Apfelsaft, Essig, Rapsöl, Honig und Senf zu einem geschmeidigen Dressing verrühren. Mit Salz und Pfeffer abschmecken, das Ganze als Marinade über den Spargel geben. Alles miteinander vermengen und mindestens **30 Minuten** marinieren lassen. In der Zwischenzeit die Erdbeeren waschen und vierteln. Rauke waschen, in die gleiche Größe wie die anderen Zutaten schneiden. Vor dem Anrichten die Erdbeeren unter den marinierten Spargel geben.

Den Salat mit Nüssen und/oder Kernen verfeinern.

Sommer-Gemüsebrühe

2 Möhren
1 Knollensellerie
1 Stange Lauch
4 Zwiebeln
250 g Champignons
4 Tomaten
1 EL Rapsöl
2 Zweige Thymian
2 Zweige Rosmarin
2 Lorbeerblätter
10 schwarze Pfefferkörner
4 Pimentkörner
Salz, Pfeffer

Möhren und Sellerie putzen und schälen. Lauch putzen, der Länge nach halbieren und waschen. Alles in grobe Stücke schneiden. Zwiebeln ungeschält halbieren. Pilze kurz kalt abspülen, putzen und klein schneiden. Tomaten waschen, vierteln, die Stielansätze entfernen. Tomaten grob hacken.

Öl in einem großen Topf erhitzen. Alle Zutaten darin bei kleiner Hitze **8 bis 10 Minuten** farblos dünsten. Mit 4 Liter Wasser bedecken und zum Kochen bringen. Eventuell auftretenden Schaum abschöpfen.

Thymian und Rosmarin waschen und trocken schütteln, mit Lorbeerblättern, Pfeffer- und Pimentkörnern in den Topf geben. **1 Stunde** bei mittlerer Hitze kochen lassen. Gemüsebrühe durch ein feines Sieb in einen zweiten Topf gießen.

Gemüsebrühe in **1 1/2 bis 2 Stunden** auf 1,2 Liter einkochen, erkalten lassen. Sie hält sich bis zu **3 Tage** im Kühlschrank und sehr viel länger, wenn sie eingefroren wird.

Geheimrezept aus Omas Küchen-Apotheke

Die gute alte Gemüsebrühe hat mehr Potenzial als nur zum Kochen von Suppen. Auch im Sommer kann ihre wohltuende Kraft genutzt werden. Kalt oder warm getrunken kann sie gegen Dehydrierung helfen und gleichzeitig wichtige Nährstoffe bereitstellen. Denn die Gemüsebrühe ist nicht nur lecker, sondern auch reich an Elektrolyten, Mineralien und Vitaminen, die den Flüssigkeitshaushalt des Körpers ausgleichen können.

Wrucken-Eintopf

1 Wrucke (Steckrübe)
4 Zwiebeln
500 g Möhren
700 g festkochende Kartoffeln
150 g Speckwürfel
2 EL Schmalz
Salz, Pfeffer, 1 Prise Zucker
Apfelessig

Steckrübe, Zwiebeln, Möhren und die Kartoffeln schälen und würfeln. Speckwürfel im heißen Schmalz andünsten. Anschließend das Gemüse dazugeben mit Salz, Pfeffer und einer Prise Zucker würzen. Sobald das Ganze glasig gedünstet ist, mit 2 1/2 Liter Wasser auffüllen und ca. **80 Minuten** köcheln lassen.
Zum Schluss erneut mit Salz, Pfeffer, Zucker und mit etwas Apfelessig abschmecken.

Grauklöße oder Rügen-Klöße

400 g Mehl
4 Eier
1 Pck. Backpulver, 1 Prise Salz
100 g Speck
2 Zwiebeln
50 g Holunder- oder Johannisbeersirup

Aus Mehl, Eiern, Backpulver sowie einer Prise Salz einen Teig herstellen, Klöße formen und in kochendes Salzwasser geben. Wenn die Klöße an der Oberfläche schwimmen, sind sie gar.
In einer Pfanne Speckwürfel auslassen und darin die Zwiebelwürfel goldgelb rösten. Die Klöße auf einem Teller anrichten und das Speck-Zwiebel-Gemisch darüber geben. Den Sirup in einer Schale extra reichen. Beim Essen wird ein wenig Sirup auf die Klöße gegeben.

Diese „Insel-Knödel" werden traditionell mit einer Sauce aus Brühe, Speck und Zwiebeln serviert.

Rügener Spickgans – geräucherte Gänsebrust

2 Gänsebrüste à 150 g

250 g Salz

1 TL Pökelsalz

1 TL Zucker

1 TL Pfefferkörner

Zuerst aus Salz, Pökelsalz und Zucker eine Salzmischung herstellen und die Pfefferkörner zerstoßen. Dann die Gänsebrüste ohne Knochen mit dem Pfeffer und der Salzmischung beiderseitig kräftig einreiben. Mit der Haut nach außen fest zusammenbinden (beide Hälften gegeneinander). In einer Schüssel bei ca. **7 °C** im Kühlschrank lagern. Es bildet sich eine Lake, die man täglich über das Fleisch gießt und das Fleisch dabei regelmäßig wendet. So verfährt man **6 bis 7 Tage**. Danach wird das Fleisch in Form gebracht.
Eine gute Möglichkeit ist, die Gänsebrüste zwischen zwei Frühstücksbretter zu spannen und **mehrere Tage** unter diesem Druck zu belassen. Dabei kann das Fleisch noch weiter reifen.
Anschließend wird die Spickbrust **8 bis 14 Tage** in milden Rauch gehängt. Zum Verzehr wird die geräucherte Gänsebrust dünn aufgeschnitten und wie Schinken gegessen. Passt gut zu frischem Salat, knusprigem Brot oder Kartoffelpuffern.

In Pommern gab es die Spickbrust traditionell zu Weihnachten. Sie wurde am Morgen des ersten Weihnachtsfeiertages angeschnitten und auf ein mit Gänseschmalz bestrichenens Brötchen gelegt.

Rügen & Raps

Gelbe Rapsfelder, blauer Himmel, dunkelblaues Meer und grüne Wälder eine besondere Farbpalette. Für viele ist der Frühling, wenn der Raps blüht, die schönste Jahreszeit auf Rügen. Rapsöl gilt als sehr gesund. Seine einzigartige Formel lautet: wenig gesättigte Fette, viel Ölsäure, reich an Omega-3-Fettsäuren.

Schwemmklöße als Suppeneinlage
(Historisches Rezept aus einem Kochbuch von 1871)

6 Eier
1/2 l Milch
6 EL feines Mehl
100 g Butter
Salz, Pfeffer
Brühe

Man quirlt in einem Topf drei Eier mit ebenso viel Milch und feinem Mehl zusammen gut durch, lässt Butter in einer Kasserolle zergehen, gießt das Eingerührte hinzu und rührt es beständig auf gelindem Feuer, bis es sich vom Boden der Kasserolle löst. Nachdem es kalt geworden ist, schlägt man noch drei Eier hinzu, salzt es, rührt es gut durcheinander, sticht mit einem vorher in heiße Brühe getauchten Löffel Klöße ab und gibt sie in die köchelnde Suppe.
Kommen die Klöße in die Höhe, so sind sie gut und man kann die Suppe servieren.

Boddenzander und Lachs mit Sauerkrautkruste

300 g Boddenzanderfilet

300 g Ostseelachsfilet

Saft von 1 Zitrone

150 g gekochtes Sauerkraut (z. B. Reste vom Eisbeinessen)

100 g Crème double

1/2 Bund Schnittlauch

Rapsöl zum Braten

Salz, Pfeffer

Zander- und Lachsfilet in portionsgerechte Stücke schneiden, die Haut (evtl. noch schuppen) leicht über Kreuz einschneiden. Mit dem Zitronensaft marinieren und mit etwas Salz und Pfeffer würzen.

Für die Sauerkrautkruste fertig gekochtes und abgeschmecktes Sauerkraut verwenden. Das Sauerkraut fein hacken und mit einem Tuch trocken auspressen, anschließend mit Crème double und dem fein geschnittenen Schnittlauch verkneten. Diese Masse fingerdick auf die Innenseiten der angebratenen Fischfilets auftragen. Im Ofen bei Oberhitze von ca. **160 °C** ca. **8 Minuten** garen, bis die Kruste schön goldgelb ist.

Rinderzunge mit Kapernsauce

1 gepökelte Rinderzunge
1/2 Bund Suppengrün
5 zerdrückte Wacholderbeeren
2 EL Essig-Essenz 25 %
1 Zwiebel
2 Knoblauchzehen
40 g Butter
50 g Mehl
50 g Kapern mit Fond
100 ml Weißwein
100 ml Sahne
Salz, Pfeffer

Rinderzunge gut waschen und von Knorpeln befreien. Suppengemüse putzen, grob schneiden. Im leicht gesalzenen Wasser Zunge und Suppengemüse mit den Gewürzen, Essig und Wacholderbeeren, je nach Größe der Zunge ca. **3 Stunden** köcheln lassen. Es gibt einen guten Gar-Test: Ist die Zungenspitze sehr weich, ist sie fertig! Zunge herausnehmen und die äußere Haut abziehen und abschälen. In Scheiben schneiden.
Kochbrühe durch ein Sieb geben, Brühe sowie das Kochgemüse aufheben und beiseitestellen.
Zwiebel und Knoblauch pellen und fein würfeln. Butter in einem Topf erhitzen, Zwiebel- und Knoblauchwürfel darin anschwitzen, Mehl dazugeben und mit der Kochbrühe ablöschen. Nur so viel, dass eine sämige Sauce entsteht, Kapern mit Fond dazugeben und durchkochen lassen. Mit Weißwein, Sahne, Pfeffer und Salz abschmecken. Kochgemüse und Zungenscheiben dazugeben, das Ganze in der Sauce etwas ziehen lassen.

Dieses Gericht ist ideal für den Schnellkochtopf geeignet, Garzeit dann nur ca. **45 Minuten**.

Gepökelte Gänsekeulen mit Steckrüben

2 gepökelte Gänsekeulen
1 kg Steckrübe
50 g Butter
1 EL Zucker
1 Zwiebel
2 EL Mehl
Salz, Pfeffer
Essig

Die gut gewaschenen Gänsekeulen in reichlich Wasser aufsetzen und bei kleiner Hitze etwa **45 Minuten** köcheln lassen. Steckrübe schälen, in Würfel schneiden und im Topf mit Wasser bissfest garen. Einen Teil des Wassers aufheben.

In einer tiefen Pfanne Butter zerlaufen lassen. Zucker hinzugeben. Den Zucker bräunen, dabei aufpassen, dass die Flüssigkeit nicht zu dunkel wird. Die Zwiebelwürfel dazugeben und kurz mit anbraten. Etwas vom Kochwasser hinzufügen, mit Mehl binden. Mit Salz, Pfeffer und (nach Geschmack) mit etwas Essig abschmecken.

Zum Schluss die gekochten Rüben und die gegarten Gänsekeulen in die Sauce geben und ca. **15 Minuten** leicht mitkochen lassen.

Störtebeker Festspiele in Ralswiek

Im Rahmen eines Kulturauftrages wurden 1959 die Rügen-Festspiele ins Leben gerufen. Ralswiek wurde zum Festspielort erklärt und zwischen dem Schloss und dem Boddenufer eine Naturbühne errichtet (siehe Foto). Von 1959 bis 1961 und von 1980 bis 1981 wurde hier die dramatische Ballade „Klaus Störtebeker" von Kurt Barthel aufgeführt. Mit 1000 Mitwirkenden war das damals eines der größten Spektakel. Seit 1993 können Zuschauer auf einer der größten Freilichtbühnen Europas die Störtebeker Festspiele wieder erleben.

Die Legende von Störtebeker

Klaus Störtebeker wurde angeblich um 1360 auf der Insel Rügen geboren. Er galt damals wie heute als einer der Vitalienbrüder oder der Likedeeler, die man umgangssprachlich auch als Seeräuber bezeichnet. Das Interesse der Seeräuber galt den reichen Handelsschiffen und deren Fracht, die man durch spektakuläre Seeschlachten eroberte. Die Beute aus seinen Raubzügen verteilte Störtebeker an das arme Volk, was ihm den Titel des klugen, starken und gerechten Anführers einbrachte. So beliebt Störtebeker beim einfachen Volk war, so verhasst war er bei den zahlreichen Bestohlenen. Diese sorgten der Legende nach dafür, dass Störtebeker 1401 in Hamburg geköpft wurde. Sein Grab soll auf der Insel Tollow sein, die vor der kleinen Stadt Garz auf Rügen liegt.

Falscher Hase auf Küstenart

je 500 g Rind- und Schweinehack
2 Eier
2 Eigelb
2 altbackene Brötchen
1/2 Salzhering
1 Zwiebel
2 TL Salz
Pfeffer
Rapsöl zum Braten
250 ml saure Sahne

Die zwei Hacksorten mit den Eiern vermischen. Brötchen in Wasser einweichen und dann gut ausdrücken. Hering klein hacken, Zwiebel würfeln. Das Gehackte mit Brötchen, Zwiebelwürfeln und Hering gut vermengen. Die Masse mit Salz und Pfeffer gewürzt zu 1 bis 2 „Broten" formen. Die Hackbraten-Laibe in Öl anbraten, dann in einer feuerfesten Form **45 bis 60 Minuten** bei **220 °C** im Ofen garen. Abwechselnd werden saure Sahne und etwas Wasser dazugegeben.

Anmerkung: *Salzhering in der Hackmasse ist für viele ungewöhnlich. Probieren Sie es ruhig mal aus. Diese Zutat kann natürlich auch weggelassen werden.*

Pflaumensauce (Plumenstipp)

1 Birne
1 Apfel
100 g Backpflaumen
1/2 l Buttermilch
1 TL Kartoffelstärke
Zucker nach Geschmack

Birne und Apfel in Spalten schneiden. Backpflaumen mit den Birnen- und Apfelspalten in etwas Wasser bissfest kochen, Wasser abgießen. Buttermilch dazugeben, mit Stärke sämig binden und nach Geschmack süßen. Entweder kaltstellen oder warm zu Salzkartoffeln, Kartoffelmus oder Brot servieren. Auch als Vor- oder Nachspeise geeignet.

Bäderküste & Mönchgut

Binzer Bucht | Sellin | Göhren | Middelhagen

Bäderarchitektur

Erst vor 200 Jahren begann das Badeleben auf der Insel. Dadurch entstand ein neuer Erwerbszweig: der Fremdenverkehr. Die gut betuchten Gäste aus den Städten beauftragten die unterschiedlichsten Architekten. Vor allem in Sellin, Göhren, Baabe, Binz und Sassnitz entstanden meist weiße schicke Häuser mit Loggien und Veranden, weiße Villen, Pensionen und Hotels. Man sah Skulpturen auf den Dächern, verspielte Muster auf den hölzernen Verkleidungen der Balkone, weiße Vorbauten und lichtdurchflutete Erker. Eine Besonderheit sind die drei so genannten Wolgast-Häuser, zwei in Binz (Haus Liliput und die denkmalgeschützte Villa Undine, siehe Foto) und Villa Erika in Göhren. Sie wurden Ende des 19. Jahrhunderts errichtet und sind Fertighäuser in Holzbauweise, werksmäßig aus hochwertigen Tropenhölzern vorgefertigt in einer Wolgaster Werft. Deren Besitzer war Schiffbaumeister Heinrich Kraeft. Er hatte Ende des 19. Jahrhunderts auch die Idee, Fertigteilhäuser zu bauen, die sogar per Katalog bestellt werden konnten.

Graved Lachs

- *1 Bund Dill*
- *200 g Meersalz*
- *200 g Zucker*
- *1 TL große, frisch gestoßene Pfefferkörner*
- *1 TL Senfkörner*
- *1,5 kg Lachsfilet mit Haut*

Den Dill fein hacken und mit Salz und Zucker, Pfeffer- sowie Senfkörnern vermischen. Den Lachs damit kräftig einreiben. **48 Stunden** marinieren und dabei alle **12 Stunden** wenden.
Dazu passt Senf-Honig-Sauce (siehe Rezept Seite 40).

Foto Seite 38 oben St.-Katharinen-Kirche in Middelhagen (Backsteinbau von ca.1455)

Heringshäckerle mit Senf-Honig-Sauce

Für das Heringshäckerle:

- *250 g Bismarckhering*
- *1/2 Bund Lauchzwiebeln*
- *1 Zwiebel*
- *1 mittelgroße Spreewälder Gewürzgurke*
- *1 Apfel*
- *etwas Leinöl*

Für die Senf-Honig-Sauce:

- *120 g mittelscharfer Senf*
- *80 g Honig*
- *25 ml Leinöl*
- *gehackter Dill*

Für das Heringshäckerle vom Bismarckhering Gräten und Schwanz entfernen, in kleine Würfel schneiden. Gewürzgurke, Zwiebel, Lauchzwiebeln und den geschälten Apfel ebenfalls in kleine Würfel schneiden. Alles mit etwas Leinöl vermengen.

Für die Sauce Senf, Honig und Leinöl mit etwas gehacktem Dill im Mixer mischen.

Als Fingerfood das Heringshäckerle in kleine gekochte und ausgehöhlte Kartoffeln füllen. Einen kleinen Klecks von der Senfsauce darüber geben. Mit Feldsalat und Radieschensprossen garnieren.

Butt is Butt Scholle, Steinbutt, Flunder und Kliesche gehören zu den Plattfischen. Das macht ihre Unterscheidung auch so schwierig, denn auf den ersten Blick sehen sie sich sehr ähnlich. Flunder und Kliesche haben eine Haut wie Schmirgelpapier, sie ist sehr rau. Schollen flutschen einem dagegen gern mal durch die Finger, wenn man sie halten will. Ihre Haut ist ganz glatt. Beim Steinbutt kann man lauter kleine Knubbelchen auf der Haut ertasten. Diese Hautdornen finden sich auf dem ganzen Körper. Deshalb auch der Name Steinbutt. Unterschiede gibt es auch bei der Färbung. Am unauffälligsten ist der Steinbutt mit seiner dunkelbraunen oder sandfarbenen Färbung auf der Oberseite. Scholle und Flunder sind oft Braun bis gräulich und haben rote Flecken. Bei der Scholle sind sie deutlich ausgeprägter. Es geht aber auch ganz einfach: An der Küste im Norden wird jeder Plattfisch einfach Butt genannt.

Binzer Bratflunder

4 küchenfertige Flundern
2 EL Zitronensaft
Mehl
75 g Speck
1 Zwiebel
2 EL Butter
Salz, Pfeffer

Flunder waschen, trocken tupfen. Mit Zitrone beträufeln, salzen, pfeffern in Mehl wenden. Speck und Zwiebel würfeln. In einer großen Pfanne knusprig braten. Herausnehmen. Butter im Speckfett erhitzen. Flundern darin erst auf der weißen, dann auf der dunklen Seite **5 Minuten** goldbraun braten. Speck- und Zwiebelwürfel zufügen. Dazu schmeckt Kartoffelsalat.

Angeldorsch in körniger Senfsauce

2 küchenfertige Dorsch-Schwanzstücke (jeweils ca. 800 g)
1 mittelgroße Möhre
200 g Knollensellerie
2 mittelgroße Zwiebeln
3 EL Weißwein-Essig
1 Lorbeerblatt
1 TL Pfefferkörner
30 g Butter
30 g Mehl
100 ml Milch
4 EL mittelscharfer Senf (ca. 80 g)
4 EL körniger Senf (ca. 80 g)
2 EL Zitrone
1 TL Zucker
Salz, Pfeffer

Möhre und Sellerie putzen, waschen und halbieren. Zwiebeln schälen und vierteln. 1 1/2 Liter Wasser, 2 Teelöffel Salz, Essig, Möhre, Sellerie, 1 Zwiebel, Lorbeerblatt und Pfefferkörner in einem großen Topf aufkochen. Zugedeckt ca. **5 Minuten** köcheln.

Dorsch waschen und in 4 Portionsstücke schneiden. Dorsch in den Sud legen und zugedeckt bei schwacher Hitze ca. **20 Minuten** ziehen lassen – nicht kochen!

Für die Senfsauce die zweite Zwiebel fein würfeln. Fett in einem Topf erhitzen. Zwiebeln darin andünsten. Mehl zufügen und kurz anschwitzen. 1/2 Liter vom Fischkochsud und Milch unter Rühren zugießen und aufkochen. Sauce bei schwacher Hitze ca. **5 Minuten** köcheln lassen, dabei ab und zu umrühren. Senf in die Sauce rühren, mit Salz, Pfeffer, 1 bis 2 Esslöffel Zitronensaft und ca. 1 Teelöffel Zucker abschmecken. Warm stellen.

Dorsch aus dem Sud heben und mit der Senfsauce anrichten.

Dazu passen Petersilienkartoffeln und Kopfsalat.

Ostsee Hornhecht

Früher wurde er „der Aal für arme Leute" genannt. Seine Regionalität, geringe Bekanntheit und kurze Saison machen den Hornhecht zu einer besonderen, fast exotischen Spezialität.

Nur wer ihn kennt, weiß ihn zu schätzen. Das Fleisch ist weiß, fest und äußerst schmackhaft. Manche vergleichen ihn mit dem beliebten Wolfsbarsch. Für mich sind seine grünen Gräten das Besondere an ihm – „kennst du Hornhecht – das ist doch der mit den grünen Gräten". Die grünen Gräten erleichtern auch den Verzehr, da sie deutlich sichtbar und bei weitem nicht so zahlreich sind wie beim Süßwasserhecht. Die Grünfärbung kommt vom Biliverdin, einem Abbauprodukt des roten Blutfarbstoffes Hämoglobin und ist weder giftig noch unansehnlich – im Gegenteil echt einzigartig.

Hornhecht – der Frühlingsfisch

2 küchenfertige Hornhechte (je Fisch ca. 400 g)
4 EL Mehl
1 Zitrone
Salz, Pfeffer

Kopf und Schwanz abschneiden und die Fische in zwei Stücke teilen. Leicht mehlieren und salzen und bei mittlerer Hitze mit etwas Butter in einer Pfanne ca. **10 Minuten** braten, dabei mehrfach wenden.

Ein besonderes Kulturerbe

Sicher sind die Bauwerke des Ingenieurs und Architekten Ulrich Müther aus dem Ostseebad Binz schon vielen aufgefallen. Die nur wenige Zentimeter dünnen Hyparschalen aus Spritzbeton sind filigran und überspannen wie schwebende Segel große Flächen: Die „Flügel"-Faltdächer am Fernsehturm in Berlin, der Teepott in Warnemünde, der Binzer Rettungsturm oder der Musikpavillon in Sassnitz. Inspiriert wurde Müther von der Natur, von den Muscheln am Strand, aber auch von seiner Segel-Leidenschaft. Schalenkonstruktionen aus Beton sind sein Markenzeichen. Damit verlieh Müther vielen Gebäuden ab den 1960er-Jahren avantgardistische Formen, die in der sonst ziemlich einförmigen DDR-Architektur sehr ungewöhnlich waren. Diese fast stützenfreien Räume, fliegend-leichte Konstruktionen aus Sichtbeton, beeindrucken auch im 21. Jahrhundert. Ulrich Müther setzte damit Kontraste zu den genormten DDR-Plattenbauten und war weit über die Grenzen des Landes tätig. Planetarien, Messehallen, Bob- und Rennschlittenbahnen, eine Radrennbahn in Havanna, Restaurants – seine Bauwerke stehen noch heute in Wolfsburg, Rostock, Berlin, Altenberg, Oberhof, Helsinki oder Tripolis. Sie sind bedeutende Beispiele der DDR-Moderne. Diese architektonischen Kunstwerke widerlegen das Klischee vom altbackenen Osten. Ulrich Müther wird mit den berühmtesten Schalenbauern der Architekturgeschichte verglichen. Mit seiner Rügener Bautruppe hat er in der ganzen Welt gebaut. Von Libyen bis Wolfsburg.

Der „Binzer Rettungsturm" war früher Ausguck für Rettungsschwimmer, heute fungiert er als Standesamt.

Wie Mönchgut zu seinem Namen kam

1252 hatten die Zisterzienser-Mönche des Klosters Eldena bei Greifswald unter Abt Sueno II. das Land Reddevitz vom Rügenfürst Jaromar II. als Lehnsgut erhalten. Die Mönche bewirtschafteten das Land und ließen sich 1295 diesen Besitz als „dat Mönke Guedt" – Mönchgut beurkunden. Sie behielten es bis zur Reformation 1535. Das heutige Ostseebad Mönchgut besteht aus idyllischen Ortschaften und einstigen Fischerdörfern: Middelhagen, Alt Reddevitz, Thiessow, Groß Zicker oder Gager. Jeder Ort hat einen ganz eigenen Charme, Geschichte und Sehenswürdigkeiten, wie zum Beispiel die (auf Seite 38 oben abgebildete) Backsteinkirche St.-Katharinen in Middelhagen.

Typische Mönchgut-Keramik

Ostseelachs mit Bärlauchbutter

Für die Butter:

60 g Bärlauch

250 g weiche Butter

1 TL Zitronenabrieb

Salz, Pfeffer

Für den Fisch:

4 Lachskoteletts à 160 g

6 TL Zitronensaft

Salz, Pfeffer

2 EL Rapsöl

Bärlauch sehr fein hacken, dann mit Butter, Zitronenabrieb, Salz und Pfeffer mischen. Die Bärlauchbutter auf ein Stück Klarsichtfolie geben und zu einer Rolle zusammenpressen, dann im Kühlschrank fest werden lassen.

Lachskoteletts mit Zitronensaft, Salz und Pfeffer würzen. Rapsöl in der Pfanne erhitzen, die Koteletts bei mittlerer Hitze auf jeder Seite **3 Minuten** braten. Mit Bärlauchbutterscheiben servieren.

Ochsenbäckchen-Ragout

- *4 Ochsenbäckchen à ca. 400 g*
- *Salz, Pfeffer*
- *2 EL mittelscharfer Senf*
- *Rapsöl zum Braten*
- *1 Bund Suppengrün*
- *6 rote Zwiebeln*
- *2 EL Tomatenmark*
- *1 Fl. (0,75 l) Rotwein*
- *1 Rosmarinzweig*
- *1 Thymianzweig*
- *1 Lorbeerblatt*
- *6 Wacholderbeeren*
- *1 l Rinderfond oder Gemüsebrühe*
- *Speisestärke zum Binden*

Die parierten Ochsenbäckchen halbieren, mit Salz und Pfeffer würzen und mit Senf gut einreiben. Abgedeckt im Kühlschrank mindestens **3 Stunden** ruhen lassen. Anschließend in Öl scharf anbraten und herausnehmen, beiseitestellen.
Das Suppengrün putzen, die Zwiebeln pellen, alles grob würfeln und in dem Topf anbraten. Tomatenmark hinzufügen und mit dem Gemüse verrühren, ca. **2 bis 3 Minuten** mitbraten, möglichst dunkel rösten.
Danach 1/3 des Rotweins aufgießen und reduzieren, bis fast keine Flüssigkeit mehr vorhanden ist. Das Fleisch hinzufügen, alles gut vermengen. Rosmarin, Thymian, Lorbeerblatt, Wacholderbeeren hinzufügen. Mit dem restlichen Rotwein und dem Rinderfond auffüllen. Ca. **3 Stunden** auf kleiner Flamme köcheln lassen. Wenn die Ochsenbäckchen weich sind, aus dem Fond nehmen und in Würfel schneiden.
Den Fleischsud durch ein Sieb passieren. Sauce mit Salz und Pfeffer abschmecken, ggf. mit Stärke leicht abbinden, die Fleischwürfel hinzufügen.

Grützen und Graupen

Als früher auf dem Land noch jeder sein Getreide zur Mühle brachte, ließ man außer Mehl auch eine gewisse Menge Grütze schroten. Die Mehlgeschäfte in den Städten führten Grützen aus Weizen, Roggen, Gerste, Grünkern, Buchweizen und Hafer. Sie spielten in der Küche eine wichtige Rolle, vor allem für den Teller Grütze zum Frühstück.

Zu den Grützen gehört auch die Graupe, die grob geschliffene heißt im Volksmund auch „Kälberzahn", die feiner geschrotete nennt man Perlgraupen.

Heute sind die Grützen etwas aus der Mode gekommen, die verbesserte Mühlentechnik hat verschiedene neue Produkte wie Hafer- und Weizenflocken hervorgebracht. Es lohnt sich allerdings, auch mal wieder mit den „alten" Zutaten zu kochen.

Grützsuppe mit Buttermilch

100 g Rosinen

15 Trockenpflaumen

1 l Milch

1 EL Speisestärke

2 EL Zucker

1 Prise Salz

3 EL Perlgraupen

1/2 l Buttermilch

Trockenfrüchte ca. **10 Minuten** in Wasser einweichen und dann gut abtropfen lassen. 2 Esslöffel Milch mit Speisestärke verrühren. Diese Mischung in die restliche Milch einrühren und die Milch zum Kochen bringen. Mit Zucker und Salz abschmecken und in eine Schüssel füllen.

Die Graupen mit Wasser bedeckt aufkochen. Pflaumen, Rosinen und Buttermilch dazugeben und unter ständigem Rühren erneut zum Kochen bringen. Dann **30 Minuten** köcheln und schließlich in die Schüssel mit der Milchsuppe geben und verrühren. Lauwarm genießen.

Die Suppe ist eine erfrischende Mahlzeit an warmen Sommertagen.

Dicker Quark mit Honigmilch

6 EL Milch
4 EL Honig
400 g Magerquark
gehackte Nüsse nach Wahl

Milch mit Honig vermischt unter den Magerquark rühren. Ergänzt mit ein paar Nüssen ist das ein gesunder, schneller Nachtisch. Wer mag, verfeinert das Dessert noch mit Trockenfrüchten.

Dick und Dünn

Dicker Quark, dazu süße Milch war besonders auf Mönchgut eine willkommene Abwechslung zu den Kohl- und Grütze-Suppen, die es gewöhnlich als Mittagsmahl gab. Ursprünglich war Quark ein Sauermilchprodukt, das nur durch die natürliche Säuerung von Frischmilch entstand. Heute gibt man der Milch neben gesunden Milchsäurebakterien auch kleine Mengen Lab hinzu. Daher ist der heutige Quark ein Frischkäse, der nicht mehr ganz so säuerlich schmeckt. Das obige Rezept ist eine moderne Variante mit wenigen Zutaten.

Rhabarberkompott

1 kg frischer Rhabarber

160 g Zucker

1 Vanilleschote

4 TL Stärke

Den Rhabarber gut waschen, Blätter und Enden abschneiden. Die Rhabarberstangen in ca. 2 cm breite Stücke schneiden, in einer Schüssel mit Zucker vermengen und ca. **30 Minuten** ziehen lassen.

Den Rhabarber in einem Kochtopf auf mittlerer Stufe ca. **5 Minuten** köcheln lassen, bis Saft entstanden ist. Den Rhabarber durch ein Sieb abschütten, den Saft auffangen und zurück in den Topf geben. Vanilleschote längs aufschneiden, das Mark auskratzen und in den Saft geben. In einer Schüssel Stärke mit etwas Wasser glattrühren. Die Mischung in den Rhabarbersaft einrühren. Die Rhabarberstücke zurück in den Topf geben und erneut ca. **3 Minuten** einköcheln. Das Rhabarberkompott abkühlen lassen und auf Schälchen verteilen.

Mit frischen Erdbeeren wird das Rhabarberkompott sommerfrisch und fruchtig.

Südrügen & Stralsund

Altefähr | Poseritz | Garz | Samtens

Putbuser Bärlauch-Pesto

30 g Sonnenblumenkerne
20 g Haselnüsse
100 g Rucola
50 g Bärlauch
125 ml Rapsöl
30 g mittelscharfer Senf
Salz, Pfeffer

Die Sonnenblumenkerne und Haselnüsse leicht anrösten, erkalten lassen. Rucola und Bärlauch waschen und klein schneiden. Die abgekühlten Sonnenblumenkerne und Haselnüsse zusammen mit den restlichen Zutaten mit einem Mixstab pürieren. Das Ganze mit Salz und Pfeffer abschmecken.
Die Konsistenz des Pesto kann durch Zugabe von zusätzlichem Öl verändert werden.

Frühlingsküche mit Bärlauch

Er gehört zu den Lauchgewächsen und ist mit Schnittlauch und Knoblauch verwandt. Aufgrund des ähnlichen Geruchs wird er auch gern Wilder Knoblauch genannt. Bärlauch wird schon seit der Steinzeit als Heilpflanze verwendet. Aber er ist nicht nur ein wichtiges Heilkraut sondern auch ein vielseitiges Nahrungsmittel, das zu Unrecht vom Knoblauch verdrängt wurde. Der wild wachsende Bärlauch erlebt nun in der Frühlingsküche sein Comeback. Seine nach Knoblauch schmeckenden Blätter lassen sich zu allerlei Speisen verarbeiten. Sie schmecken frisch auf dem Butterbrot, als Pesto zu Nudeln, in Salaten und Suppen.

Schon unter Fürst Malte I. zu Putbus (1783-1854) standen Gerichte mit Bärlauch auf dem Speiseplan. Der Fürst hatte den Lauch von einer Italienreise mitgebracht und im Kräutergarten anpflanzen lassen. Heute bedecken den Putbuser Park große Flächen des Bärlauchs. Im Frühjahr finden die Putbuser Bärlauchtage statt.

Sanddorn-Krautsalat

700 g Spitzkohl
1 rote Zwiebel
1 Apfel
Sanddornsaft
6 EL Weißwein-Essig
6 EL Rapsöl
Salz, Pfeffer
Zucker

Vom Spitzkohl die äußeren dunkelgrünen Blätter entfernen. Kohl längs vierteln, den Strunk entfernen, in dünne Streifen schneiden. Gepellte Zwiebel ebenfalls in dünne Streifen schneiden. Apfel waschen, Kerngehäuse entfernen, in Streifen schneiden. Sanddornsaft nach Geschmack, Essig, Rapsöl, Salz, Pfeffer und Zucker zugeben. Alles in der Schüssel untereinanderheben und mit den Händen durchkneten. Dann ca. **15 Minuten** durchziehen lassen.

Bärlauchsuppe

1 Bund (ca. 100 g) Bärlauch
2 Zwiebeln
1 EL Butter
800 ml Gemüsebrühe (siehe Rezept Seite 29)
150 ml Schlagsahne
75 g Sauerrahm
Salz, Pfeffer
geriebene Muskatnuss

Bärlauch waschen, trocken tupfen und bis auf 3 bis 4 Blätter, grob hacken. Rest in feine Streifen schneiden. Zwiebeln schälen und würfeln. 1 Esslöffel Butter in einem Topf schmelzen, Zwiebeln darin dünsten. Brühe angießen, aufkochen, gehackten Bärlauch hinzufügen. Schlagsahne und Sauerrahm dazugeben und alles mit dem Pürierstab pürieren. Mit Salz, Pfeffer und Muskat abschmecken. Beim Anrichten die Bärlauchstreifen auf die Suppe geben.

Mit gerösteten Brotwürfeln bestreuen oder mit Räucherlachs verfeinern.

Kartoffelsalat mit Radieschen (Foto S. 50)

8 Kartoffeln
1 Bund Radieschen
3 Eier
200 g Naturjoghurt
Zitronensaft
Salz, Pfeffer
Schnittlauchröllchen

Kartoffeln kochen, abschrecken und noch warm pellen. Die Radieschen vom Grün befreien und waschen. Eier hart kochen und abschrecken.
Joghurt mit etwas Zitronensaft, Salz und Pfeffer abschmecken. Schnittlauch unterrühren.
Kartoffeln und Radieschen in Scheiben schneiden und in eine Schüssel geben, die Joghurtsauce darüber gießen und alles gut vermischen. Die hart gekochten Eier schälen und vierteln. Den Salat mit den Eiern garnieren und servieren.

Apfelschmalz (Appelschmolt)

1 Apfel, 1 Zwiebel
500 g Rückenfett vom Schwein
2 Lorbeerblätter
3 Pimentkörner
Salz, Pfeffer

Apfel und Zwiebel schälen und wie das Fett würfeln. Die Fettwürfel bei mittlerer Hitze unter Rühren „schmelzen“. Lorbeerblätter, Pimentkörner und Zwiebelwürfel zugeben und weiter rühren. Wenn Fett und Zwiebeln gebräunt sind, die Apfelwürfel zugeben und ebenfalls leicht bräunen lassen. Mit Salz und Pfeffer würzen. Dann das noch flüssige Schmalz in Twist off-Gläser abfüllen.

Tüften un Plum (Deftiger Kartoffeleintopf)

120 g getrocknete Backpflaumen
600 g mehligkochende Kartoffeln
200 g Zwiebeln, 50 g Butter
1 EL Senfsamen
2 Lorbeerblätter
800 ml Gemüsebrühe
500 g Kassler-Nacken
Salz, Pfeffer, 1 Bund Petersilie
1 kleines Stück frische Meerrettichwurzel

Backpflaumen halbieren. Kartoffeln schälen, waschen und würfeln. Gepellte Zwiebeln fein würfeln. Butter in einem großen Topf zerlassen, Kartoffeln, Zwiebeln und Pflaumen darin glasig dünsten. Senfsamen und Lorbeerblätter zugeben, Brühe zugießen und alles aufkochen. Kassler hineingeben und zugedeckt bei mittlerer Hitze **25 Minuten** kochen. Kassler aus der Brühe heben, in Scheiben schneiden. Den Eintopf mit Salz und Pfeffer abschmecken und mit dem Fleisch anrichten. Meerrettichwurzel schälen und raspeln. Zusammen mit der fein gehackten Petersilie über das Gericht streuen.

Zudarer Tollatschen mit Apfel und Zwiebel

400 g Tollatschen
3 rote Zwiebeln
1 Apfel
Schmalz

Die Tollatschen in fingerdicke Scheiben schneiden und von beiden Seiten im Schmalz kurz rösten.
Wer mag, kann zu den Kloßscheiben noch Apfelscheiben und Zwiebelringe mitbraten.

Anmerkung: *Tollatsch ist ein Kloß nach Art einer Blutwurst, der auf Rügen traditionell bei Schlachtefesten zubereitet wird. Diese aus Mehl oder Grütze und Schweine- oder Gänseblut zubereiteten, etwa faustgroßen Klöße sind oft mit Rosinen gefüllt.*

Der Alte Markt mit dem einzigartigen Rathaus und charakteristischen Bürgerhäusern

Stralsund bildet sozusagen das „Tor" zur Insel Rügen - dank neuer Rügenbrücke und Rügendamm sind Stadt und Insel miteinander verbunden. Zugleich ist die Stadt eine Perle unter den Hansestädten der Ostseeküste mit einer erstklassigen topografischen Lage. Der historische Stadtkern wird vom Strelasund und Teichen inselartig umschlungen. Schon früh haben sich deutsche Bauern, Handwerker und Händler neben dem slawischen Fischerdorf Stralow niedergelassen. 1293 wurde Stralsund Mitglied der Hanse und schwang sich zu der nach Lübeck führenden See- und Handelsmacht im Ostseeraum auf. Stralsund ist 2002 zusammen mit Wismar in die UNESCO-Welterbeliste aufgenommen worden. So ist zum Beispiel der Alte Markt in Stralsund Teil des UNESCO-Welterbes unter dem Titel „Historische Altstädte Stralsund und Wismar". Die wichtigen Handelszentren der Hanse haben ihren mittelalterlichen Grundriss bis heute nahezu unverändert bewahren können. Die Altstädte von Wismar und Stralsund repräsentieren noch heute idealtypisch die entwickelte Hansestadt während der Blütezeit des Städtebundes im 14. Jahrhundert.

Als **Grützwurst** bezeichnet man verschiedenste Wurstsorten, die neben Fleisch auch Grütze enthalten. Grützwurst ist auch unter den Namen Graupenwurst oder „tote Oma" bekannt. Grützwurst wird heute oft als DAS DDR-Gericht bezeichnet – im Norden auf Rügen wurde das Gericht ungewöhnlich, aber typisch norddeutsch mit Zwiebel und Apfel kombiniert.

Grützwurst mit Zwiebelringen und Apfelmus

150 g geräucherter, magerer Speck
1 rote Zwiebel
1 kg Grützwurst
Majoran, Salz, Pfeffer
3 Zwiebeln, Rapsöl
Apfelmus, nach Belieben

In einer Pfanne Speck- und rote Zwiebelwürfel anbraten. Die Grützwurst in Würfel schneiden und bei geringer Temperatur in der Pfanne erwärmen. Öfter umrühren. Achtung: Brennt schnell an! Erst kosten, jeder Fleischer würzt anders. Dann mit Salz, Pfeffer und Majoran abschmecken. Die 3 abgezogenen Zwiebeln in Ringe schneiden und im Öl braun braten, dann über die Grützwurst geben.
Dazu passen Sauerkraut und Kartoffelbrei oder Bratkartoffeln und ein Schälchen Apfelmus.

Falscher Gänsebraten (Rippenbraten)

1 kg Schweinebraten (Rippe) am Stück

200 g Backpflaumen

2 säuerliche Äpfel

80 g geriebenes Graubrot

1 TL Zucker

je 1 Prise Zimt und Kardamom

100 ml Fleischbrühe

2 EL Mehl

Salz, Pfeffer

In das Rippenstück, auch Rippchen genannt, eine Tasche schneiden. Backpflaumen und die geschälten und gewürfelten Äpfel in eine Schüssel geben und das Brot darüber streuen. Zucker, eine Prise Salz, Zimt und etwas Kardamom dazugeben, vermischen und mit der heißen Brühe übergießen. Alles gut mischen, in das Rippenstück einfüllen und die Öffnung schließen.

Das Rippenstück salzen und pfeffern, in das tiefe Blech vom Ofen legen, wenig Wasser angießen und **1 1/2 Stunden** in den auf **225 °C** vorgeheizten Ofen schieben. Den Braten mit dem Bratfond begießen, regelmäßig Wasser nachgießen und nach der halben Garzeit wenden.

Nach Ende der Garzeit den Braten herausnehmen, warm stellen und zum Servieren das Fleisch in Scheiben schneiden. Den Bratensatz mit Brühe ablöschen, mit etwas angerührtem Mehl binden und mit Salz und Pfeffer abschmecken.

Der „Rasende Roland"

Die Rügensche Kleinbahn betrieb zwischen 1895 und 1945 ein ausgedehntes Schmalspurbahnnetz auf Rügen. Der Putbuser Fürst Wilhelm Malte II. (1833–1907), der Hauptaktionär war, eröffnete 1895 die Strecke von Putbus nach Binz. 1899 wurde das Netz auf fast 100 Kilometer erweitert. Die Strecke führte nun von Binz nach Göhren, ein neuer Abschnitt vom Bahnhof Altefähr, gegenüber von Stralsund nach Putbus wurde gebaut. Der sogenannte „Rübenexpress" sollte die Feldfrüchte rasch zum Markt nach Stralsund bringen. Eine zweite Strecke führte von Bergen über die Wittower Fähre nach Altenkirchen nahe dem Kap Arkona.

Von einem einstigen „Dorfkrug" an der Bahnstrecke Putbus – Altefähr erzählt man diese Anekdote: 1907 inspizierte ein höherer Kleinbahnbeamter die Bahnstrecke. Als ihn der Durst überkam, kehrte er im Dorfkrug ein. Zu seinem Erstaunen legte ihm die Wirtin eine unerwartet reichhaltige Weinkarte vor, und er bestellte eine Flasche vom „Besten". Die Wirtin brachte die Weinflasche und stellte daneben einen kleinen Holzkasten mit bunten Papierzetteln: „Ach, min lev Herr, Se möden schon entschuldigen, ick häw min olle Brill verlägt. Se sünd woll sülwst so god un söken sich dat passende Etikett ut de Schachtel rut und kläben sich dat up de Flasch rup!"

Mit dem Verlust der Bedeutung im Güterverkehr wurden in den 1960er-Jahren mehrere Strecken stillgelegt und abgebaut. Heute fährt der „Rasende Roland" als nostalgische Schmalspurbahn mit Dampflokomotive. Schnaufend geht's vorbei am Ostseebad Binz durch die Granitz hinauf zum Jagdschloss. Nach den Ostseebädern Sellin und Baabe erreicht der Zug schließlich den Bahnhof vom Ostseebad Göhren.

LPG-Kuchen (Schnapskuchen)

Für den Boden:

4 Eier
250 g Butter
250 g Puderzucker
1 Pck. Vanillinzucker
1 Prise Salz
250 g glattes Dinkelmehl
2 TL Weinsteinbackpulver

Für den Belag:

1 Pck. Puddingpulver Vanillegeschmack
2 EL Zucker, 1/2 l Milch
250 g Butter
250 g Butterkekse
etwas Weinbrand

Für den Guss (Lukullus Masse):

250 g Kokosfett
200 g Puderzucker
3 EL feines Kakaopulver
2 Eier

Den Backofen auf **180 °C** Umluft vorheizen.

Die Eier trennen. Aus Butter, Eigelb, Puderzucker, Vanillezucker und Salz eine cremige Schaummasse bereiten. Das Mehl mit dem Backpulver mischen und unterrühren. Das Eiklar steif schlagen und unterheben.

Den Teig auf einem gefetteten Backblech (25 cm x 40 cm) verteilen und ca. **20 Minuten** backen.

Für den Belag aus Puddingpulver mit Zucker und Milch einen Pudding kochen und auskühlen lassen. Butter schaumig rühren und Pudding esslöffelweise unterrühren. Butter und Pudding müssen die gleiche Temperatur haben. Die Buttercreme auf den Boden verteilen. Die Kekse kurz in Weinbrand tauchen und lückenlos auf der Buttercreme verteilen.

Für den Guss das Kokosfett schmelzen und abkühlen lassen. Puderzucker mit Kakaopulver mischen, die Eier und das zerlassene Kokosfett einrühren, sodass eine dickflüssige Masse entsteht. Den Kuchen mit dem Guss überziehen und das Ganze kühl stellen.

Anmerkung: *Der gehaltvolle Blechkuchen soll in Thüringen erfunden worden sein, war aber DDR-weit beliebt. Er wurde oft bei vielen Veranstaltungen gebacken (LPG = Landwirtschaftliche Produktionsgenossenschaft der DDR).*

Kirschsuppe mit Klößchen (Klütensuppe)

1,2 kg Süßkirschen
200 g Zucker
1 Ei
150 g Mehl
1/2 TL Backpulver

Kirschen waschen, entstielen und entsteinen. 150 g Zucker mit 1/2 Liter Wasser in einem Topf ca. **30 Minuten** köcheln Inzwischen für den Klütenteig das Ei und 50 g Zucker mit den Schneebesen des Handrührgerätes weiß-cremig aufschlagen. Mehl und Backpulver mischen, mit der Ei-Mischung verrühren.

Mit einem Teelöffel von der Masse kleine Stückchen abstechen, zur Suppe geben und ca. **15 Minuten** weiterköcheln. Suppe vom Herd nehmen. Warm oder gekühlt servieren.

Apfelpfannkuchen

4 Eier
2 säuerliche Äpfel
75 g Zucker
250 g Mehl
400 ml Milch

Die Eier trennen, das Eiweiß steif schlagen und zur Seite stellen. Die Äpfel schälen, entkernen und in dünne Spalten schneiden. Das Eigelb mit Zucker in einer Rührschüssel schaumig schlagen. Etwas Mehl hinzufügen und dann abwechselnd die Milch und das restliche Mehl in kleinen Mengen dazugeben. Das steif geschlagene Eiweiß nun vorsichtig unterheben. Den Teig in eine mittelgroße Pfanne (Ø 20 cm) 0,5 cm dick einfüllen. Die Apfelspalten hineinlegen und von beiden Seiten ausbacken. Mit Zucker und Zimt bestreuen.

Das Geheimnis richtig guter Schlagsahne

500 ml süße Sahne (35 % Fettgehalt)

35 g Puderzucker

Eine Stunde vor der Zubereitung den Quirl und die Rührschüssel in das Tiefkühlfach oder in den Kühlschrank stellen. Eine Metallschüssel speichert die Kälte besser als eine Schüssel aus Plastik.

Die süße, ebenfalls gekühlte Sahne in die Rührschüssel gießen, den Puderzucker hinzufügen. Puderzucker ist besser als herkömmlicher Zucker, der die Sahne zu schwer machen würde.

Die Sahne mit dem Handrührgerät steif schlagen. Dabei die Geschwindigkeit nach und nach steigern und ca. alle **30 Sekunden** schrittweise bis zur höchsten Rührstufe hochschalten. Die Sahne so lange schlagen, bis sie eine kompakte Konsistenz annimmt und sich am Rand leichte Wellen bilden.

Die Sahne darf nicht zu lange geschlagen werden und muss eine rein weiße Farbe beibehalten. Eine gelbliche Verfärbung der Sahne bedeutet, dass sie langsam zu Butter wird!

Foto zum Rezept Apfelpfannkuchen

Die Inseln der Insel

Hiddensee | Öhe | Ummanz | Vilm

Eine Insel, viele Inseln … mindestens 11 Nachbarinseln gehören zu Rügen. Die bekanntesten sind sicher die Insel Hiddensee, Insel Vilm und Insel Ummanz. Weitere Inseln sind Insel Liebitz, Insel Heuwiese, Insel Öhe, Insel Liebes, Insel Urkevitz, Insel Beuchel, Insel Tollow und Insel Pulitz, die durch einen aufgeschütteten Damm zur Halbinsel geworden ist.

„Süßes Ländchen" heißt die westlich von Rügen gelegene Insel Hiddensee auf Plattdeutsch. Der Name „Hedinsey" taucht bereits in der „Jüngeren Edda", einem mythographischen Handbuch für höfische Dichter im mittelalterlichen Skandinavien auf und bedeutet „Insel der Hedin". Der legendäre Norwegerkönig Hedin soll hier um eine Frau oder um Gold gekämpft haben. Unter dänischer Herrschaft war offiziell „Hedins-Oe" gebräuchlich. Noch 1880 hieß die Insel in deutschen Karten „Hiddensjo", in deutschen Reiseführern war 1929 noch von „Hiddensöe" die Rede und erinnerte damit an die Zeit der Dänen.

Dornbusch – der große und populärste Leuchtturm der Insel Hiddensee

Stremel-Gurken (Schnelle Einlegegurken, Senfgurken)

1 kg grüne Gurken, 2 TL Essig
75 g Zucker, Salz
1 TL Zimt, 1 Lorbeerblatt
5 Pimentkörner

Die Gurken schälen und der Länge nach halbieren, die Kerne entfernen und salzen. Am **nächsten Tag** die Gurken in fingerdicke, etwa 3 cm lange Stücke schneiden und mit Essig, Zucker und einer Prise Salz **10 Minuten** kochen. Die Gewürze ebenfalls bereits beim Kochen hineingeben. Die Gurkenstücke in einen Steinguttopf oder in Schraubgläser geben. Leckere Beilage zu allen gebratenen Fischgerichten.

Foto Seite 62 oben: Die Fähre nach Vitte auf Hiddensee

Rote-Bete-Päckchen

1 Rote-Bete-Rübe

2 Zwiebeln

2 Thymianzweige

1 EL Rapsöl, Salz, Pfeffer

2 EL Aceto Balsamico

2 EL Walnüsse

Backofen auf **200 °C** vorheizen. Rote Bete schälen und vierteln. Auf ein Stück Alufolie legen.
Zwiebeln schälen und vierteln, mit dem Thymian zur Roten Bete geben. Mit Salz und Pfeffer würzen. Rapsöl und Aceto Balsamico darüber träufeln. Mit grob gehackten Walnüssen bestreuen. Alufolie zusammenfalten, Ränder gut schließen. Alupäckchen in den Ofen geben und etwa **30 Minuten** garen. Die Rote Bete kann kalt oder warm gegessen werden.

Steckrüben-Sellerie-Salat

Für den Salat:

1/2 Steckrübe, 1/2 Knollensellerie

1/2 Bund Dill, 100 g Wildpreiselbeeren-Konfitüre

Für das Dressing:

1 Knoblauchzehe

3 EL Zitronensaft

1 TL Zitronenschale, abgerieben

3 TL Senf, mittelscharf

2 TL Zucker, 6 EL Rapsöl

Die Steckrübe und den Sellerie schälen und hobeln oder grob reiben. Knoblauch in feine Würfel schneiden. Dill fein schneiden.
Alle Zutaten für das Dressing verrühren. Dann das Dressing mit den Rüben- und Sellerieraspeln vermengen.
Den Salat auf vier Tellern oder Schüsseln anrichten, jeweils einen Esslöffel der Preisselbeerenkonfitüre darauf geben und mit Dill bestreuen.

Möhren-Apfel-Salat

500 g Möhren
3 Äpfel
4 Walnüsse
Saft von 1 Zitrone
1 EL Rapsöl
Essig und Zucker nach Geschmack
Salz, Pfeffer

Möhren schälen, Äpfel schälen, das Kerngehäuse entfernen. Möhren und Äpfel in eine Schüssel reiben. Walnüsse knacken und hacken. Zitronensaft, Essig, Zucker und Öl hinzugeben. Mit Salz und Pfeffer abschmecken.

Insel Vilm

Die Legende besagt, dass sich nach einer Sturmflut im Jahr 1304 vor Lauterbach eine Insel in Form eines Wals aus dem aufgewühlten Meer emporhob. Zu Beginn des 19. Jahrhunderts entdeckten Badegäste und Landschaftsmaler wie Caspar David Friedrich das naturbelassene schöne Eiland. 1936 wurde Vilm bereits unter Naturschutz gestellt, um seinen „Urwald" zu erhalten.

1959 ließ die SED auf Vilm elf rohrgedeckte Häuser errichten, die hohen Parteifunktionären als Feriendomizil vorbehalten waren. Nach der Wende übernahm die Internationale Naturschutzakademie, eine Außenstelle des Bundesamtes für Naturschutz, die Anlage. Seit 1990 gehört die Insel zudem zur Kernzone des Biosphärenreservats Südost-Rügen.

Für Inselentdecker wird eine Führung angeboten. Ein Motorschiff vom Hafen Lauterbach bringt die Inselgäste hinüber und wieder zurück. Da es nur begrenzte Kapazitäten gibt, sollte man sich rechtzeitig anmelden.

Lammkeule in Schwarzbier

5 Knoblauchzehen

100 ml + 2 EL Rapsöl

4 TL Kräuter der Provence

100 g Senf

1 Lammkeule ca. 2 kg

Salz

1 Bund Suppengrün

1/2 l Schwarzbier

Den Ofen auf **200 °C** vorheizen. Knoblauch schälen und klein hacken. Mit 100 ml Rapsöl, Senf und Kräutern der Provence zu einer Marinade mischen. Lammkeule salzen, mit der Knoblauch-Senf-Marinade bestreichen und **2 Stunden** oder über Nacht im Kühlschrank marinieren lassen. Dann die Keule herausnehmen, gut abtropfen lassen und in einem Bräter in 2 Esslöffel erhitztem Rapsöl von allen Seiten anbraten. Das zerkleinerte Suppengrün zufügen und leicht anschwitzen, mit Schwarzbier ablöschen. Den Bräter in den Backofen schieben und ca. **40 Minuten** schmoren lassen. Bei Bedarf mit Wasser aufgießen und öfter mit dem Bratensaft übergießen.

Die Keule herausnehmen, Fleisch vom Knochen lösen. Für die Sauce den Bratenfond mit dem Gemüse pürieren.

Lammgulasch mit Backpflaumen und Bratapfel

1 kg Lammfleisch aus der Schulter oder Lammhaxe

2 Zwiebeln

1 Knoblauchzehe

Salz, Pfeffer

3 EL Tomatenmark

2 Flaschen à 0,7 l Schwarzbier

200 g Backpflaumen

600 ml Gemüsebrühe

1 TL Rosmarin

Rapsöl zum Braten

1 Apfel, 2 TL Butter

Fleisch, Zwiebeln und Knoblauch in Würfel schneiden. Die Fleischwürfel scharf anbraten, mit Salz und Pfeffer würzen. Zwiebeln, Knoblauch und Tomatenmark dazugeben, verrühren und mit Schwarzbier ablöschen. Grob geschnittene Backpflaumen dazugeben. Alles einkochen lassen, Gemüsebrühe zufügen und **60 Minuten** bei kleiner Hitze köcheln lassen. Mit Salz Pfeffer und Rosmarin abschmecken.

Apfel in Scheiben schneiden, in Butter braten und beim Anrichten auf dem Gulasch verteilen.

Der kleinere Leuchtturm von Hiddensee: Leuchtfeuer Gellen im Süden der Insel bei Neuendorf

Entenweißsauer

4 Entenkeulen
3 Möhren
2 Zwiebeln
3 EL Salz
50 ml Essig-Essenz
4 EL Zucker
12 Blätter Gelatine
2 Gewürzkörner
1 Lorbeerblatt

Entenkeulen waschen. Möhren schälen und in Scheiben schneiden. Zwiebeln pellen. Entenkeulen mit Möhren und Zwiebeln in Salzwasser kochen. Schaum und Fett abschöpfen. Wenn die Entenkeulen gar sind, herausnehmen und den Fond durch ein Sieb gießen. Mit Essig und Zucker kräftig abschmecken. Entenfleisch vom Knochen lösen, Haut entfernen. Entenfleisch und Möhren wieder in den Fond geben und über Nacht durchziehen lassen.
Am **nächsten Tag** Entenfleisch und Möhren herausnehmen und in eine ausreichend große Schüssel oder mehrere geben.
Den Fond erneut aufkochen, noch einmal nachschmecken. Anschließend die vorher eingeweichte Gelatine dazugeben. Den noch heißen Fond in die Schüssel geben, so dass alle Ententeile gut bedeckt sind. Kühl stellen. Wenn das Entenweißsauer geliert ist, kann es serviert werden. Dazu schmecken knusprige Bratkartoffeln (z. B. Rezept Seite 75) oder kräftiges Landbrot.

Was sind eigentlich **Fliederbeeren**? Fliederbeeren sind **Holunderbeeren** und haben mit dem Flieder nichts gemein. Holunder (Sambucus) trägt im Deutschen mehrere Namen und wird je nach Region Flieder, Fledder oder Fliederbeere genannt. Die Bezeichnungen „Fledder" oder „Flieder" für Holunder findet man vor allem in Gegenden, in denen Platt oder Niederdeutsch gesprochen wird.

Fliederbeersuppe

4 Äpfel
1 Zitrone
1 1/2 l Flieder(Holunder)beeren-Nektar
125 g Zucker
1 Zimtstange
2 Gewürznelken
1 Prise Salz

Äpfel schälen, vierteln, entkernen und grob würfeln. Zitrone abreiben. Nektar mit Zucker, Apfelwürfeln, Zitronenschale, Zimtstange, Nelken und Salz zum Kochen bringen. Etwa **5 Minuten** garen, so dass die Apfelwürfel noch bissfest sind.

Holunder ist ein altbewährtes Heilmittel bei Erkältungserscheinungen aller Art.

Fliederkräude

Reife Holunderbeeren entsaften, den Saft so lange kochen, bis er richtig fest ist, dann in kleine Gläser füllen. Eine Messerspitze davon genügt z. B. als Würze für eine Fischsauce.

Grießpudding mit Fliederbeerapfel

2 Eier

1 l Milch

7 EL Hartweizengrieß

2 EL Zucker

2 Pck. Vanillezucker

2 Äpfel

1 l Fliederbeerensaft

5 EL Zucker

Für den Pudding die Eier trennen. Das Eigelb mit 6 Esslöffel Milch verrühren, das Eiweiß steif schlagen. Die restliche Milch in einem Topf erwärmen, aufkochen. Hartweizengrieß, Zucker und Vanillezucker vermischen, dann mit einem Schneebesen in die kochende Milch rühren und nochmals aufkochen.

Wenn der Grieß gequollen ist, die Eigelb-Milch unterrühren. Danach nicht mehr aufkochen! Eischnee unterheben, den Grießpudding in eine Schüssel geben und abkühlen lassen.

Fliederbeerensaft in einem Topf erwärmen. Äpfel schälen, in kleine Stücke schneiden, in den Saft geben und aufkochen. Mit Zucker abschmecken. Warm zum Grießpudding servieren.

Störtebekers Grab

Klaus Störtebeker soll in einem goldenen Sarg auf der kleinen Insel Tollow südlich von Zudar begraben sein. Der Sarg ist mit einer goldenen Kette angebunden, die direkt an der Erdoberfläche endet. Doch so viele auch danach gesucht haben, niemand hat die Kette oder gar den Sarg gefunden. Und keiner kennt den Fischer, der weiß, wo der Schatz vergraben ist. So erzählt die Legende, dass ein ausgewählter Fischer in einem benachbarten Küstenort zeitlebens das Geheimnis bewahrt. Erst kurz vor seinem Tod muss er sein Wissen einem anderen Fischer anvertrauen, damit es nicht vergessen wird. Und daher kennt immer nur ein Mensch die Stelle des Piratengrabes. Jedoch weiß niemand, welcher Fischer gerade das Geheimnis hütet.

Störtebekers Name lebt – zum Beispiel dank Störtebeker Bier

Buchweizenpfannkuchen mit Sanddornquark

250 g Buchweizenmehl
1 Ei, 1 Prise Salz
425 ml Mineralwasser
100 ml Milch
Rapsöl zum Braten
200 g Magerquark
100 ml Sanddornsaft

Buchweizenmehl in eine große Schüssel geben und eine Mulde in die Mitte drücken. Ei und Salz in die Mulde geben und verrühren.
Nach und nach das Mineralwasser dazugeben, bis die Konsistenz flüssig und alles gut vermischt ist. Milch zugeben und erneut rühren. Den Pfannkuchenteig **10 Minuten** quellen lassen. In der Pfanne mit etwas Rapsöl dünn ausbacken.
Quark und Sanddornsaft verrühren. Pfannkuchen mit der Quark-Füllung bestreichen und zusammenrollen.
Für die Füllung kann man auch Frischkäse, frisches Obst, Konfitüre oder andere Zutaten verwenden.

Arme Ritter

200 ml Milch
3 Eier
1 Prise Salz
1 EL Honig
50 g Butter
10–12 Scheiben Toast- oder Kastenweißbrot 1,5 cm dick oder altbackene Brötchenhälften

Milch mit Eiern, Salz und Honig verrühren. In einer beschichteten Pfanne die Butter erhitzen. Die Toastscheiben durch die Milch-Ei-Mischung ziehen und in die Pfanne legen. Von beiden Seiten ca. **5 Minuten** goldbraun backen.
Auf Küchenpapier abtropfen und noch heiß servieren. Nach Geschmack mit Puderzucker bestreuen oder nach Belieben mit Obst, Vanillezucker, Zimt, Zucker, Marmelade oder Pflaumenmus servieren

Pommersche Hefeplinsen

25 g Hefe, 1,5 l Milch
250 g Mehl, 2 Eier
50 g Zucker, Salz
1 EL flüssiges Schmalz (alternativ flüssige Butter)
Schmalz oder Rapsöl zum Braten
Zimt, Zucker und/oder Pflaumenmus

Hefe in eine Schüssel bröckeln, mit etwas lauwarmer Milch flüssig rühren. Dann die übrige Milch, Mehl, Eier, Zucker, Salz und 1 EL Schmalz oder zerlassene Butter zugeben. Alles gründlich verrühren, bis der Teig Blasen wirft und zähflüssig ist. Den Teig zugedeckt an einem warmen Platz rund **20 Minuten** gehen lassen.
Jetzt Schmalz in einer Pfanne erhitzen. So viel Teig hineingeben, bis handtellergroße Plinsen entstehen. Die Plinsen auf beiden Seiten hellbraun backen und mit Zimt, Zucker, Pflaumenmus oder Marmelade servieren.

Rügener Sommerfrische

Campingküche | Strandkorbgerichte

Der Begriff **Sommerfrische** wird bereits im Wörterbuch der Gebrüder Grimm erwähnt. Das Wörterbuch von 1854 bezeichnet es als „Erholungsaufenthalt der Städter auf dem Lande zur Sommerzeit", „Landlust der Städter im Sommer" oder auch als „eine Wohnung auf dem Lande, die man im Sommer bezieht". Mit Sommerfrische ist sowohl der sommerliche Wohnortwechsel als auch der Sommerort gemeint. Es ist die Zeit, in der man die Arbeit ruhen lässt und etwas unternimmt. Eine Sommerresidenz zu haben, war beim Adel üblich. Seit der Industrialisierung ging, durch den Eisenbahnbau begünstigt, der Brauch der Sommerfrische auf das gehobene Bürgertum über. Wer sich keinen eigenen Sommersitz leisten konnte, quartierte sich in Gasthäusern oder Privatquartieren ein.

Bäh-Schnitten – Bratstullen vom Grill

8 Scheiben Mischbrot
Butter, Salz
Dip nach Geschmack

Brot in nicht zu dünne Scheiben schneiden. Auf dem Grill knusprig rösten und nach Geschmack mit etwas Butter, Salz oder einem würzigen Dip (z.B. Pesto) bestreichen und genießen.

Foto Seite 73 oben: Am Strand von Binz | Foto Seite 74: Romantisches Ferienhaus im Fischerdorf Vitt auf Rügen

Bratkartoffeln aus rohen Kartoffeln

1 kg fest- oder vorwiegend festkochende Kartoffeln

Salz, Pfeffer

Rapsöl zum Braten

gehackte Petersilie

Kartoffeln schälen, mit kaltem Wasser abwaschen, trockentupfen und in dünne Scheiben schneiden. Das Rapsöl in einer Pfanne erhitzen und die Kartoffelscheiben etwa **10 Minuten** bei mittlerer Hitze goldgelb braten. Dabei immer wieder wenden. Mit Petersilie bestreut zu Entenweißsauer, Zwiebelfleisch oder Fisch reichen.

Gebackene Champignonköpfe

12 große Champignons

1/2 Bund Frühlingszwiebel

1 Knoblauchzehe

verschiedene Kräuter (z. B. Schnittlauch, Petersilie, Basilikum)

250 g Frischkäse (Natur)

100 g geriebener Käse, z. B. junger Gouda

Pfeffer

Die Stiele von den Champignons trennen und wie die Frühlingszwiebeln, Knoblauch und Kräuter fein hacken bzw. schneiden. Dann alles mit dem Frischkäse vermischen. Die Pilzköpfe nebeneinander in eine Auflaufform legen. Nun jeweils 1 bis 2 Teelöffel von der Frischkäsemischung in das Innere der Pilze geben. Etwas glattstreichen. Geriebenen Käse darüber verteilen und anschließend ca. **15 bis 20 Minuten** bei **200 °C** im Backofen überbacken.

Wasserseite von Alt Reddevitz

Kartoffel-Eier-Topf

- *1 Zwiebel*
- *1 Lorbeerblatt*
- *5 Pfefferkörner*
- *Salz, Pfeffer*
- *4 EL Mehl*
- *500 ml Buttermilch*
- *Zucker*
- *1 EL Butter*
- *8 Eier*
- *8 Kartoffeln*
- *100 ml Milch (1,5 % Fett)*
- *1 Bund Kräuter, z. B. Schnittlauch, Petersilie*

Zwiebel pellen, grob zerteilen und in Salzwasser mit Lorbeerblatt und Pfefferkörnern kochen. Mehl in etwas Wasser anrühren und in die Brühe geben.
Buttermilch und etwas Zucker dazugeben, unter ständigem Rühren zum Kochen bringen, vom Feuer nehmen und Butter unterrühren.
Eier hart kochen und pellen. Kartoffeln extra kochen und mit etwas Milch zerstampfen.
Auf tiefe Teller Kartoffelstampf geben, Eier darüber schneiden, mit reichlich gehackten Kräutern bestreuen und die Buttermilchsauce auffüllen. Dieses Gericht wird als Suppe mit dem Löffel gegessen.

Insel der Sehnsucht

Die Beweggründe, in neuen Gefilden sein Zelt aufzuschlagen oder mit dem Campingwagen über Land zu ziehen, sind damals wie heute Abenteuer, Naturnähe und Flexibilität beim Reisen sowie eine kleine Flucht aus dem Alltag.

Zu DDR-Zeiten wurde die Insel Rügen besonders in den Sommermonaten Juli und August von Urlaubern überlaufen. Die Regierung versuchte dem Missverhältnis von Angebot und Nachfrage zu begegnen und planwirtschaftlich durch Prognosen und Verteilung die angemeldeten Reisenden zu managen. Engpässe, besonders in der Lebensmittelauslieferung, sollten verhindert werden, aber ohne Erfolg. Ganz frei waren die Urlauber allerdings nicht. Das nächtliche Spazieren am Strand oder gar das Übernachten in Strandkörben war streng verboten! Denn auch ohne sichtbare Grenzen war Rügen Grenzgebiet. Nachts wurde am Strand patrouilliert und kontrolliert. Zelten ohne Schein war dank Geheimtipps trotzdem möglich. Wer sich auskannte, konnte auch ohne Anmeldung oder Beziehungen (das berühmte Vitamin B) spontan den Rucksack schnappen und zur Insel fahren. In Alt Reddevitz auf der Halbinsel Mönchgut gab es eine durch Enteignung unbewirtschaftete Wiese. Schnell wurde der Ort zum Sammelbecken für unangemeldete Urlauber. Es gab keine Sanitäranlagen, Essen kaufte man im Nachbarort, ein Brunnen ersetzte das Waschbecken, man zeltete ohne Luxus – aber unabhängig und unkontrolliert.

Ferien auf dem Hausboot (hier bei Gager) – eine neue Form des Urlaubs

Letscho selbstgemacht

1 gelbe Paprika
1 rote Paprika
1 Zwiebel
1 Knoblauchzehe
1 kleine Dose Tomatenwürfel
edelsüßes Paprikapulver
2 EL Öl
Salz, Pfeffer

Die Paprika und Zwiebel in kleine Würfel schneiden. Den Knoblauch fein würfeln in einem Topf das Öl erhitzen und die Zwiebeln mit dem Knoblauch glasig schwitzen. Paprika zugeben, kurz mitschwitzen und die Tomatenwürfel unterrühren und alles mit Salz, Pfeffer und Paprika würzen. Bei mittlerer Hitze ca. **10 Minuten** köcheln lassen, ggf. etwas Wasser dazugeben.

Gebackener Camembert

1 Rahm-Camembert (125 g)
2 EL Mehl
1 Ei
2 EL Semmelbrösel oder Paniermehl
Rapsöl zum Braten

Camembert zunächst im Mehl wenden, anschließend durch das verquirlte Ei ziehen, danach im Paniermehl wenden und fest andrücken. Im heißen Öl von jeder Seite **2 bis 3 Minuten** goldgelb backen. Mit Toast, Preiselbeeren und Salat essen oder als leckere vegetarische Beigabe zum Letscho.

Am besten mit „Camembert Badejunge", der seinen Ursprung auf der Insel Rügen hat. Für noch mehr Crunch gehackte Nüsse und/oder Sesam in die Semmelbrösel geben.

Brot mit Rührei und Bückling

4 Eier, 3 EL Milch
Salz, Pfeffer
1/2 Bund Schnittlauch
20 g Butter
125 g Bücklingsfilet (frisch oder aus der Dose)
1/4 Beet Kresse
Vollkornbrotscheiben

Eier mit 3 EL Milch, Salz und Pfeffer verquirlen. Schnittlauch in Röllchen schneiden. Butter in einer beschichteten Pfanne erhitzen und die Eiermischung langsam darin stocken lassen. Dabei mit einem Pfannenwender das gestockte Ei nach und nach an den Rand schieben. Sobald die gesamte Eiermischung gestockt ist, Pfanne vom Herd nehmen. Rührei mit Bücklingsfilet auf 2 Vollkornbrotscheiben verteilen. Kresse mit der Schere abschneiden und zusammen mit den Schnittlauchröllchen über dem Rührei verteilen.

Rotes Sauerkraut

- *80 g magerer Speck*
- *1 Zwiebel*
- *1 EL Öl*
- *100 g Tomatenmark (dreifach konzentriert)*
- *500 g Sauerkraut*
- *ganze Kümmelkörner*
- *2 Lorbeerblätter*
- *Salz, Pfeffer*

Die Speck- und Zwiebelwürfel im Öl schön glasig anschwitzen. Tomatenmark, Sauerkraut, Kümmel, Lorbeerblätter und 100 ml Wasser zufügen. Alles bei geschlossenem Deckel etwa **30 Minuten** köcheln lassen. Mit Salz und Pfeffer abschmecken.

Kinder essen alles, was mit Tomatensauce, Ketchup und Co. zubereitet ist. Nudeln mit Tomatensauce stehen hoch im Kurs, das muss wohl schon immer so gewesen sein. Ich erinnere mich an ein Rezept meiner Mutter, die das Sauerkraut mit Tomatenmark versetzte und so dem Sauerkraut eine fruchtige Note gab. Bei uns gab es dieses Kraut als Beilage zu Gulasch und Stampfkartoffeln.

Schnelle Schmorgurken

Für 2 Personen

- *1 grüne Salatgurke*
- *1/2 Paprikaschote*
- *1 Zwiebel*
- *100 ml Buttermilch oder süße Sahne, Schmand, Joghurt*
- *Rapsöl*
- *Salz, Pfeffer*

Die Gurke schälen und längs halbieren. Das Kerngehäuse mit einem Löffel herauskratzen. Die Gurke in Scheiben schneiden, ggf. nochmals halbieren. Das Kerngehäuse aus der Paprikaschote entfernen und in ebenso große Stücke wie die Gurken schneiden.
Rapsöl erhitzen und darin die klein geschnittene Zwiebel glasig anschwitzen. Die Gurken- und die Paprikastücke dazugeben und köcheln lassen, bis die Gurken glasig sind. Mit der Buttermilch aufgießen und das Ganze etwas einkochen lassen. Mit Salz und Pfeffer abschmecken.

Tomatensauce mit Schinkenwurst

- *1–2 Scheiben Schinken- oder Jagdwurst*
- *1 große Zwiebel*
- *100 g Butter*
- *4 EL Mehl*
- *1 Tube Tomatenmark*
- *2 EL Essig*
- *1 1/2 EL Zucker*
- *Salz, Pfeffer*

Die Wurst und die Zwiebeln in kleine Würfel schneiden, Butter im Topf erhitzen, Mehl dazugeben und unter Rühren leicht braun werden lassen. Langsam 1 Liter Wasser aufgießen und dabei rühren, damit keine Klumpen entstehen. Kurz aufkochen lassen und die Wurst- und Zwiebelwürfel dazugeben, danach das Tomatenmark dazugeben. Wer mag, kann die Wurst- und Zwiebelwürfel vorher in einer separaten Pfanne kurz anbraten bzw. glasig dünsten. Alles gut verrühren und den Essig und Zucker dazugeben. Mit Salz und Pfeffer abschmecken.

Dazu passen gut Nudeln, am besten Spirellinudeln. Das war auch auf Rügen ein typisches DDR-Ferienlagergericht.

Strammer Max (Foto S. 73)

- *4 Scheiben Bauernbrot*
- *40 g Butter*
- *4 Scheiben gekochter Schinken*
- *1/2 Bund Schnittlauch*
- *4 Eier*
- *2 Gewürzgurken*
- *Rapsöl zum Braten*
- *Salz, Pfeffer*

Die Brotscheiben mit Butter bestreichen und mit gekochtem Schinken belegen. Das Öl in einer Pfanne erhitzen und nacheinander 4 Spiegeleier braten. Mit Salz und Pfeffer würzen. Die Spiegeleier heiß auf die Schinkenscheiben legen. Den Schnittlauch waschen, trocken schütteln und in Röllchen schneiden. Die Gewürzgurke in Scheiben oder fächerförmig schneiden. Den Strammen Max mit Schnittlauchröllchen und Gewürzgurken garnieren und sofort servieren.

Die Geschichte der Konservendose Auf dem Russlandfeldzug von 1795 erlebte Napoleon Bonaparte, dass Tausende seiner Soldaten verhungerten. Deshalb bot Napoleon dem Tüftler, der Essen über mehrere Monate haltbar machen konnte, ein Preisgeld von rund 12.000 Goldfranken (Französisch Franc), ein phantastischer Betrag. Dem Bäcker und Koch Nicolas Appert gelang es 1810, diese Forderung zu erfüllen. Er kochte Lebensmittel auf, füllte sie in Champagnerflaschen, die er verkorkte und anschließend unter kaltem Wasser abkühlte. Nachdem er das Geheimnis kannte, versuchte er, verschiedene Lebensmittel wie Rindfleisch, Fisch und Geflügel auf diese Art zu konservieren. Die so konservierten Lebensmittel verkostete man dann bei einer Schiffsreise. Nach 3 Monaten wurden die Glaskonserven geöffnet und probiert. Das Ergebnis löste Begeisterung aus. Monsieur Appert wurde als Genie gefeiert. Er investierte das Geld in die erste Konservenfabrik. Der britische Kaufmann Peter Durand entwickelte Apperts Verfahren weiter mit seiner Idee, die konservierten Lebensmittel in Blechkanister abzufüllen. Er erfand damit 1810 die Konservendose und ließ sie sich patentieren. Sein Patent verkaufte er an die beiden britischen Unternehmer Bryan Donkin und John Hall. Diese eröffneten in London 1812/13 die erste Fabrik für Konservendosen. Bald danach stieg auch Appert in seiner Fabrik auf Dosen um.

Spaghetti mit „Bückling-Bolognese“

400 g Spaghetti o. a. Pasta
1 kleine Zwiebel
Rapsöl
1 EL Tomatenmark
1 Dose stückige Tomaten
1 Dose Bücklingsfilet
Salz, Pfeffer
wenn vorhanden 1 EL Balsamicoessig oder alternativ Zucker

In einem großen Topf die Spaghetti in Salzwasser nach Packungsanleitung kochen.
Zwiebelwürfel im Öl glasig dünsten. Tomatenmark und die Tomaten aus der Dose zugeben. Die Sauce mit Salz und Pfeffer abschmecken. Den Fisch unterrühren und die Sauce mit etwas Balsamico abrunden.

Das Rezept funktioniert übrigens auch prima mit anderem Dosenfisch, z. B. Heringsfilet mit Tomate, Thunfisch oder Sardine mit Chili – dann ist das Ergebnis etwas würziger und schärfer.

Pellkartoffeln mit Leberwurst und Kräuterquark

1 kg kleine festkochende Kartoffeln

1 Zwiebel

100 g Butter, 100 g Leberwurst

2 Matjesheringe oder Rollmops

Salz, Pfeffer

Für den Kräuterquark:

500 g Magerquark

1/2 Tasse Milch

200 g (1 Becher) saure Sahne oder Schmand

Schnittlauchröllchen, Dill, Petersilie

Salz, weißer Pfeffer

kaltgepresstes Rapsöl

Kartoffeln gut waschen. In Salzwasser ca. **30 Minuten** kochen. Je nach Größe der Kartoffeln kann die Garzeit variieren. Die Kartoffeln sind gar, wenn man sie mit der Gabel oder einem kleinen Messer ansticht und kein Widerstand zu spüren ist.

Die Kartoffeln abgießen und anschließend kurz abdämpfen. (Kurz noch mal auf die Herdplatte stellen und dann zugedeckt einmal aufschütteln.) Noch warm pellen. Und mit den übrigen Zutaten genießen oder zum Kräuterquark.

Quark mit Milch sowie je nach Geschmack mit saurer Sahne oder Schmand anrühren. Unter die Masse reichlich frisch gehackte Kräuter geben und mit Salz, Pfeffer und Rapsöl abschmecken.

Eine klassische Mahlzeit, wie sie einfacher nicht sein könnte.

Heringszeit

Silber des Meeres | Der Fisch der Fische

Pfannensauce (Speckstippe)

1–2 EL Rapsöl

150 g durchwachsener Speck

2 Zwiebeln

4 EL Mehl

Weißwein-Essig nach Geschmack

1 Prise Zucker

Rapsöl in einer Pfanne erhitzen. Speck- und die Zwiebelwürfel dazugeben, nicht zu scharf anbraten. Langsam Mehl dazugeben, Speck-Zwiebel-Fett-Gemisch unter ständigem Rühren rösten, bis es schön dunkel ist. Mit Wasser oder Gemüsebrühe aufgießen und unter ständigem Rühren ca. **10 Minuten** köcheln lassen, bis die richtige Konsistenz erreicht ist. Die Sauce mit Salz, Pfeffer, Essig und etwas Zucker süß-sauer abschmecken.

Diese Sauce passt zu Salz- oder Pellkartoffeln, aber auch einfach als Zugabe zum Fleisch oder Fisch. Manche essen eine richtig gute Pfannensauce wie Suppe mit etwas Brot.

Heringsfischer in Thiessow

Heringe kommen vorwiegend in den Meeresgegenden zwischen der nördlichen und der gemäßigten Zone vor. Von Grönland bis nach North Carolina sind Heringe zu finden. Alle Heringe sind Schwarmfische. Für den Fischfang allgemein am interessantesten ist der **Atlantische Hering**. Hier sind die Ergebnisse am höchsten und die einzelnen Fische erreichen Größen von bis zu 45 cm.

Der kleine „Bruder" des Atlantischen Herings ist der **Ostseehering**. Er wird lokal als Strömling bezeichnet. Ostseeheringe sind nur etwa 25 cm lang. Der Hering ist nicht nur kleiner, sondern auch ganz besonders schmackhaft. Zusätzlich zu dem hohen Gehalt von Jod und Eiweiß ist er deutlich zarter als andere Heringe. Für viele Rezepte ist er besser geeignet als seine Verwandten aus den großen Meeren. Gebraten, eingelegt, als gedünsteter Fisch mit Beigaben von Kräutern ist der Ostseehering eine Delikatesse. Er verträgt sich gut mit Zutaten wie Kräutern, besonders Dill oder Petersilie, Zitrone und Zwiebeln.

Ofenkartoffel mit Herings-Kürbis-Salat

Für die Kartoffeln:

4 große, vorwiegend festkochende Kartoffeln (ca. 200 g)

Rapsöl

Salz

Für die Füllung:

250 g Bismarckheringsfilet

100 g süß-sauer eingelegter Kürbis

1 Apfel

15 g frischer Ingwer

100 g Crème fraîche

75 g Schlagsahne

1/2 Bund Dill

1/2 Bund Schnittlauch

Zucker

Salz, Pfeffer

Kartoffeln waschen, trocken tupfen. Etwas Rapsöl mit Salz verrühren. Kartoffeln damit rundherum einstreichen. Im auf **200 °C** vorgeheizten Backofen ca. **60 Minuten** backen. Inzwischen den Herings-Kürbis-Salat zubereiten.

Dafür Heringsfilet und Kürbis abtropfen lassen und mit Küchenkrepp gut trocken tupfen. Filets in 2 cm große Stücke schneiden. Kürbis etwas kleiner würfeln. Apfel abspülen, vierteln, das Kerngehäuse entfernen, das Fruchtfleisch in dünne Scheiben schneiden. Die Ingwerknolle schälen und fein hacken.

Crème fraîche und Sahne verrühren. Heringsfilets, Kürbis, Apfel und Ingwer unterrühren. Kräuter abspülen, trocken schütteln und fein schneiden. Kräuter unterrühren und den Salat mit Zucker, Salz und Pfeffer würzig abschmecken.

Kartoffeln aus dem Ofen nehmen, kreuzweise einschneiden und etwas auseinanderdrücken. Anschließend die Kartoffeln mit dem Salat füllen.

Bismarckhering, ein Stralsunder Original

„Wenn der Hering so teuer wie der Hummer wäre, gälte er mit Sicherheit in den höchsten Kreisen als Delikatesse.", lobte schon Otto von Bismarck den Fisch.

Bismarckheringe sind Heringslappen, die in eine saure Marinade aus Essig, Öl, Zwiebeln, Senfkörnern und Lorbeerblättern eingelegt sind. Man verwendet sie auch für Rollmöpse. Der Bismarckhering wird traditionell mit Bratkartoffeln sowie als Fischbrötchen – Bismarckhering-Brötchen gegessen. Der Name Bismarckhering geht auf den deutschen Reichskanzler Otto von Bismarck (1815–1898) zurück, der diese Art der Heringszubereitung sehr gemocht haben soll. Der Stralsunder Fischhändler Johann Wiechmann sandte 1871 dem Reichskanzler ein Fässchen mit sauer eingelegtem Hering, nach dem Rezept seiner Frau Karoline zu, worauf Bismarck ihm schriftlich das Privileg erteilte, die sauer eingelegten Heringsfilets künftig als Bismarckhering zu vermarkten. Da Bezüge zu Bismarck in der DDR nicht gewollt waren, nannte man hierzulande den eingelegten Fisch „Delikatesshering".

Bismarckheringe

1 Möhre

3 Zwiebeln

1 TL Zucker

6 Gewürzkörner (Piment)

1 EL Senfkörner

1 Lorbeerblatt

400 ml Weinessig

2 saure Gurken

10 grüne Heringe

Salz

Möhre putzen und in Scheiben schneiden. Zwiebel schälen und halbieren. 1/4 Liter Wasser mit den Gewürzen sowie Zwiebeln und Möhrenscheiben aufkochen. Essig dazugeben und nochmals **5 Minuten** köcheln lassen. Den Weinessig dazugeben und abschmecken. Alles abkühlen lassen. Der Sud muss kalt sein!

Die Heringe entgräten/ filetieren, putzen und waschen. Abtropfen lassen. Den Fisch in ein Gefäß (Steinguttopf oder -schüssel) schichten und abwechselnd mit in Scheiben geschnittenen sauren Gurken belegen. Den Essig-Sud anschließend darüber gießen. **2 bis 3 Tage** alles kühl stellen und gut durchziehen lassen.

Fingerfood mit Bücklingsaufstrich

Für ca. 25 Häppchen:

- *Baguette oder Sauerteigbrot*
- *200 g (1 Dose) Bückling*
- *150 g zimmerwarme Butter*
- *Salz, Pfeffer*
- *Saft und abgeriebene Schale von 1/2 Zitrone*
- *Radieschen*
- *frische, gehackte Kräuter*
- *Gewürzgurke*

Brot in Scheiben schneiden. Dose öffnen, Bücklingsfilets zusammen mit dem Öl und der Butter in einem hohen Gefäß mit dem Pürierstab sehr fein und cremig mixen. Mit Salz, Pfeffer und Zitrone abschmecken. Auf die Brotscheiben streichen, mit Radieschen- und Gewürzgurkenscheiben garnieren und mit Kräutern bestreuen.

Bückling mit Spiegelei

1 Knoblauchzehe
4 Scheiben Bauernbrot
1 TL Butter
4 Bücklingsfilets
4 Eier

Knoblauchzehe fein hacken. Die Brotscheiben in Butter und Knoblauch rösten. Bücklingsfilets darauf anrichten. Die Eier als Spiegeleier braten und auf den Bücklingsfilets verteilen.

Geräucherte Bücklinge sind ein wahrer Hochgenuss. Der Bückling ist ein gesalzener und bei über 60 °C geräucherter Hering. Die Haut des Bücklings wird durch den Räuchervorgang goldfarben.

Spiegelei oder Setzei?

Das, was wir allgemein Spiegelei nennen, ist ein Setzei, also ein Ei, das in der Pfanne gebraten wurde. Das Spiegelei hat demgegenüber einen milchigen Spiegel auf dem Eigelb. Um dieses Ergebnis zu erreichen, wird ein Deckel auf die Pfanne gelegt.

Frittierte Senfheringe

1 kg küchenfertige Heringe
3 EL mittelscharfer Senf
1 EL scharfer Senf
2 EL frisch gehackte Petersilie
1 Ei
125 ml Bier oder Weißwein
125 g Mehl, Zucker
Rapsöl zum Frittieren
Salz, Pfeffer

Die Heringe filetieren. Den Senf mit der Petersilie mischen. Die Filets leicht salzen, pfeffern und mit der Senfmischung einstreichen. Etwa **1 Stunde** ziehen lassen.
Das Ei trennen. Eigelb mit Bier oder Wein und Mehl gut verrühren. Dann mit Salz und Zucker etwas würzen. Das Eiweiß zu festem Eischnee schlagen und unter den Backteig ziehen und im heißen Fett etwa **2 Minuten** frittieren.
Die Senfheringe schmecken gut zu warmem Kartoffelsalat.

Künstlerkolonie

Ab 1900 entdeckten immer mehr Künstler die Insel Hiddensee. Zunächst war sie noch Geheimtipp, doch bald wurde die Insel unter den Berliner Künstlerkreisen zum ganz besonderen Sehnsuchtsort. Die Besucher- (und Bewohner)liste liest sich wie ein Who is Who der Künstler, Intellektuellen und Prominenten der damaligen Zeit: Ernst Barlach, Bertolt Brecht, Albert Einstein, Hans Fallada, Lion Feuchtwanger, Sigmund Freud, Gustaf Gründgens, Franz Kafka, Erich Kästner, Käthe Kollwitz, Thomas Mann, Otto Müller, Gret Palucca, Henny Porten, Rainer Maria Rilke, Anna Seghers, Helene Weigel, Stefan Zweig ... Schon 1885 bereiste der spätere Literaturnobelpreisträger Gerhart Hauptmann die Ostseeinsel und wurde ein ständiger Gast und später Hausbesitzer. Sein Haus „Seedorn" ist heute Gedenkstätte. Auch die dänische Schauspielerin Asta Nielsen wohnte zeitweise auf der Insel. Sie kaufte 1929 von der Berliner Familie Richard Müller ein Sommerhaus in Vitte und nannte es wegen

Heringe in Knusperteig

Für den Teig:

200 g Mehl, 2 Eier

1/2 TL Salz

250 ml trockener Weißwein

Für den Fisch:

800 g küchenfertige Heringe

Zitronensaft, Mehl

Öl zum Frittieren, Salz, Pfeffer

Für den Teig das Mehl in eine Schüssel sieben. Die Eier trennen und die Eigelbe mit Salz und Wein zum Mehl geben. Zu einem glatten Teig verrühren. Etwa **10 Minuten** ruhen lassen. Die Eiweiße steif schlagen und unter den Teig ziehen. Die Heringe waschen und trocken tupfen. Mit Salz und Pfeffer würzen und mit etwas Zitronensaft beträufeln. Jeweils mit etwas Mehl bestäuben, durch den Teig ziehen und im heißen Öl (ca. **170 °C**) in einem Topf oder einer Fritteuse portionsweise **4 bis 5 Minuten** goldbraun frittieren. Ab und zu wenden, damit sie gleichmäßig bräunen. Auf Küchenkrepp abtropfen lassen.

seiner runden Form „Karusel". Innerhalb kurzer Zeit entwickelte sich das Haus zum Treffpunkt ihrer Freunde und Bekannten, u. a. Joachim Ringelnatz, Heinrich George, Gerhart Hauptmann. Heute beherbergt es neben einem Hochzeits- und Trauzimmer eine Ausstellung zur Stummfilmdiva Asta Nielsen und dem Architekten Max Taut.

Das Asta-Nielsen-Haus auf Hiddensee

Seit dem Mittelalter hatte man in Salz und Salzlake eingelegten, fettreichen Hering in Holzfässern auch fern der Küsten gehandelt. Durch das Einschichten mit Salz und Lake sowie das teilweise danach erfolgte kalte Räuchern, waren die Heringe auch in Zeiten ohne Kühlschrank gut haltbar. Vor ihrer Verwendung in der Küche mussten sie jedoch erst einmal vom überschüssigen Salz befreit werden.

Hiddensee-Heringsbuletten

450 g Salzhering- oder Matjesfilets
300 g mehligkochende Kartoffeln
3 altbackene Brötchen
1 Bund Petersilie
1 EL kleine Kapern
1 Ei
100 g Semmelbrösel
Pfeffer
Salz
Rapsöl zum Braten

Um den Salzgeschmack zu mildern, können die Heringsfilets **einige Stunden** in eine Schüssel mit Wasser gelegt werden. Aber zuerst probieren!
Kartoffeln waschen und mit Schale ca. **20 Minuten** kochen. Anschließend abgießen, kalt abschrecken und pellen. Abkühlen lassen.
Die Heringsfilets abtropfen lassen, trocken tupfen. Die Brötchen in lauwarmem Wasser einweichen. Die Petersilie waschen, trocken tupfen, Blättchen abzupfen und wie die Kapern hacken. Die Kartoffeln in grobe Stücke schneiden.
Die Brötchen gut ausdrücken, die Heringsfilets in Stücke schneiden. Heringe, Brötchen und Kartoffeln durch einen Fleischwolf mit feiner Lochscheibe drehen. Alternativ alles fein schneiden oder hacken. Die Masse in eine Schüssel geben und mit Ei, Kapern, Semmelbrösel und Petersilie verkneten. Zum Schluss mit Salz und Pfeffer abschmecken. Buletten formen. Die Fischbuletten in Rapsöl goldbraun braten. Dazu passt Senf-Honig-Sauce, Rezept Seite 40.

Heringsbutter

4–6 Salzheringe oder Matjes
500 g Butter
1 Zwiebel, 1 Eigelb
Salz, Pfeffer

Die Salzheringe etwa **24 Stunden** wässern. Gräten und Haut entfernen, würfeln.
Die Butter schaumig rühren. Zwiebel fein hacken und mit den Heringswürfeln zur Butter geben. 1 Eigelb dazugeben. Alles gut verrühren, mit Salz und Pfeffer abschmecken.

Meerrettich-Schmand

40 g frische Meerrettichwurzel
Saft von 1/2 Zitrone
200 g Schmand

Zuerst Meerrettich schälen und in eine Schüssel reiben. Den Zitronensaft und den Schmand dazugeben. Alles gut verrühren und vor dem Verzehr **60 Minuten** ziehen lassen.

Pfefferhering

10 grüne Heringe
1/2 l Essig
4 Zwiebeln
frisch gemahlener schwarzer Pfeffer, Salz

Die Heringe säubern, ausnehmen, Kopf und Schwanz entfernen. Nochmals gut waschen, abtropfen und **4 Stunden** in Essig garen lassen. Zwiebeln pellen und in Scheiben schneiden. Dann die Heringe herausnehmen und entgräten. Die Filets in einen Steinguttopf schichten: zuerst Hering, dann Zwiebelscheiben, reichlich Pfeffer, Salz, Hering, Zwiebeln, Pfeffer usw. Die letzte Schicht sind Zwiebelscheiben. Dann den Topf beschweren und **einige Tage** stehenlassen.

Lauterbacher Rollmops

2 rote Zwiebeln
20 küchenfertige grüne Heringe
60 ml Essig
10 EL Zucker
2 Lorbeerblätter
2 TL gelbe Senfkörner
Salz, Pfeffer

Zwiebeln schälen, eine davon klein hacken, die zweite in Ringe schneiden.

Für den Sud zum Einlegen der Heringe in einem Topf die Hälfte der gehackten Zwiebel, 2 Liter Wasser, Essig, Salz und Zucker zum Kochen bringen. Lorbeerblätter dazugeben und bei kleiner Hitze etwa **30 Minuten** zugedeckt köcheln lassen. Dann den Sud auf Zimmertemperatur abkühlen lassen.

Heringe mit der Haut nach unten auf ein Brett legen und pfeffern. Filets mit der restlichen gehackten Zwiebel belegen und zusammenrollen. Heringe mit Holzspießchen (z. B. Zahnstocher) fixieren.

Rollmöpse in einen hohen Behälter schichten und dazwischen jeweils die Zwiebelringe legen. Rollmöpse mit kaltem Sud übergießen, bis sie ganz mit Flüssigkeit bedeckt sind. Behälter gut verschließen und Fisch im Kühlschrank mindestens **2 Tage** ziehen lassen.

Schwedische Fischsuppe

75 g fetter Speck
1 Stange Porree, 1 Möhre
500 g frisches Heringsfilet
Salz, Pfeffer, 1 Lorbeerblatt
1 1/2 l Fleischbrühe
1 EL geriebener Meerrettich
2 Scheiben Schwarzbrot
gehackte Petersilie

Speck in einem Topf auslassen. Porree in feine Streifen schneiden, die Möhre raspeln und die Fischfilets in kleine Stücke schneiden. Gemüse und Fisch in die Pfanne geben und anschwitzen. Mit Salz, Pfeffer und Lorbeerblatt würzen. Mit Fleischbrühe oder Wasser auffüllen. Die Suppe nur kurze Zeit kochen lassen.

Mit fein geriebenem Schwarzbrot binden und vor dem Servieren geriebenen Meerrettich und gehackte Petersilie dazugeben.

Roter Heringssalat (Titelfoto)

1 Zwiebel
1 vorgegarte Rote Bete
2 Gewürzgurken
4 Bismarckheringsfilets
1 Apfel
1 EL Weißwein-Essig
2 EL saure Sahne
2 EL Naturjoghurt
Dill, Salz, Pfeffer

Zwiebel pellen, fein würfeln. Rote Bete und Gewürzgurken würfeln, Heringsfilets abtropfen lassen und in mundgerechte Stücke schneiden. Mit Zwiebel, Rote Bete- und Gurkenwürfeln in eine Schüssel geben. Saure Sahne mit Joghurt und Essig vermischen und über den Salat geben. Alle Zutaten vorsichtig miteinander vermischen. Apfel waschen, schälen und das Kerngehäuse entfernen. In kleine Würfel schneiden und unter den Salat mischen. Alles mit Salz und Pfeffer abschmecken. Vor dem Anrichten mit gehacktem Dill bestreuen. Den Salat mit hart gekochten Eiern, Gewürzgurken oder gerösteten Schwarzbrotwürfeln noch verfeinern.

Rezeptverzeichnis